朴英達 隨筆集

蘭을 치는 두 마음

敎 音 社

초판 표지 1982년 2월 10일 인쇄 / 1982년 2월 15일 발행
저자 박영달 / **발행인** 강석호 / **발행처** 교음사

청포도다방 살롱시대

朴英達 수필집 『蘭을 치는 두 마음』

일러두기
· 엮은이 박경숙의 〈복간본을 내면서〉를 앞에, 논문 〈박영달과 청포도다방〉은 복간 뒤에 두었다.
· 수필 본문은 원래 인쇄된 표기방법에 준하였다.

朴英達 수필집
蘭을 치는 두 마음

청포도다방 살롱시대

지은이 박영달
엮은이 박경숙

도서출판 나루

복간본을 내면서

청포도다방 살롱시대
박영달 수필집 『蘭을 치는 두 마음』

 "꽃은 아름다움을 자랑하기 위해 피우는 것이 아니라, 생의 의지를 꺾을 수 없는 절대자의 강한 의지를 전달하기 위한 것이다. 그래서 꽃은 사람의 눈길을 끌고, 그 마음을 통해 느끼게 하기 위한 것이 아닐까?" 이 말은 秋塘 박영달이 한 말이다. 2016년 포항시립미술관에서 박영달의 사진전이 열리자 오랫동안 우리 지역에 묻혀 있던 그의 존재가 드러났다. 이후 박영달의 업적에 대한 연구와 기록이 진행되고 그가 남긴 다양한 아카이브 자료들이 세상에 알려졌다. 그가 쓴 수필집 "蘭을 치는 두 마음"은 1960~70년대 포항 시민들의 생활상과 그 시대의 사회, 문화, 가치관, 예술관을 엿볼 수 있는 사료로서 가치가 매우 풍부한 책이다.

 1982년에 발간된 수필집 "蘭을 치는 두 마음"은 박영달이 1960년대~70년대 사진가로서 유명세를 얻고 있는 와중, 오토바이 사고로 신경성 고혈압을 겪게 된 후 수필가로서 변신의 길을 가고자 하는 의미가 있다. 하지만 1986년 박영달이 세상을 떠나면서 그가 남긴 유일한 수필집과 더불어 그의 모든 자료들은 36여 년간 빛을 보지 못하고 기억속에 잠자고 있었다. 1995년부터 '청포도다방'을 연구하면서 필자는 박영달이라는 인물을 알게 되었고, 우연인지 필연인지 필자의 집에 박영달의 수필집이 세월과 함께 오랫동안 책꽂이에 꽂혀 있었다. 소진되지 않도록 비닐로 겉표지를 한 번 더 감싼 상태로 나의 책장에 보관되고 있었다. 어떤 연유로 박영달 수필집을 소장되게 되었는지는 모르겠으나, 누군가가 참 아끼는 책이었던 모양이다. 한편으로는 박영달과 필자의 아버님과 친분이 있었을거라 짐작되지만, 알 길이 없다. 필자의 아버님도 벌써 고인이 되신지 상당한 세월이 흘렀기 때문이다. 필자가 가지고 있는 박영달 수필집은 세월의 무게를 견디지 못할 정도로 표지는 낡았고, 겉 비닐도 누렇게 변색 되었다. 종이가 바스락거릴 정도로 책을 펼치기에도 조심스러울 정도이다.

　최근, 우리 지역 서민들의 옛이야기, 또 잊혀지지 말아야 할 것들에 대한 소소한 이야기가 담긴 글들이 부쩍 가슴에 와 닿는다. 그 대표적인 책으로 1982년 발행된 박영달의 수필집 "蘭을 치는 두 마음"이 있다. 이 책은 청포도다방을 중심으로 한 중앙동 지역 서민들의 삶을 엿볼 수 있어 정겹다. 또한 예술가들의 정신과 자세를 이론적으로 고찰한 내용의 글도 있어 예술가들에게 유익한 읽을거리이다. 우리 지역 내 박영달의 수필집은 고작 3~5권 정도 남아 있다고 짐작된다. 이마저도 세월이 지나면 완전히 소진될 것이라는 생각이 앞서자 평소 박영달의 수필집 "蘭을 치는 두 마음"의 복간을 해야겠다고 먹은 마음을 올해 들어 실천하게 되었다. 이 수필집은 지역민들은 물론 지역 젊은 예술가들에게 전승되어 지역 문화예술 발전에 역할을 할 것으로 기대된다. 복간될 박영달의 수필집은 현대적 감성에 맞게 디자인과 글자체, 크기 등을 새롭게 고민하고 고려하였다. 아울러, 그의 수필집을 읽어 가는데 도움이 되기를 바라는 마음으로 박영달의 생애와 지역 근대문화예술의 르네상스를 일으켰던 청포도다방에 대한 논문 "박영달과 청포도다방"을 게재하였다.

고아 출신으로 초등학교를 졸업하고, 42세 늦은 나이에 사진예술에 입문하여 포항 근대 르네상스를 일으켰던 청포도다방의 대표인 박영달은 진정한 삶의 자세와 예술의 본질에 대한 꺾이지 않는 의지를 전달하기 위해 수필집을 남겼다고 생각되어진다. 수필집 내용들은 박영달 주변의 사람들과의 관계에서 오는 잔잔한 글들로 구성되어 있어 우리들의 삶을 되돌아보게 한다. 또한, 그가 겪은 투철한 작가정신은 오늘날 풍족한 물질을 누리고 있는 예술가들의 나태하기 쉬운 정신에 경종을 울리기 위한 것으로 느껴지기도 한다. 그래서 그는 "꽃은 아름다움을 자랑하기 위해 피우는 것이 아니라, 강한 생의 의지를 전달하기 위한 것"이라는 글귀를 통해 그의 삶과 예술에 대한 의지를 우리들에게 전달하고자 한 것이리라.

 2016년 포항시립미술관에서 박영달 사진전을 준비하기 몇 개월 전, 필자는 그의 꿈을 꾸었다.
 엄청나게 밀려있는 도로의 차량들 속에서 어렵게 빠져나와 달리다가 오토바이와 부딪혔다. 너무나 놀라서 고개를 들어 보니 오토바이에서 웬 노인의 얼굴이 나에게 엄청난 크기로 다가와서 쳐다보는 꿈이었다.
 너무나 선명한 꿈이었지만 개의치 않았고 그가 누군지를 몰랐다. 전시 준비가 한 창일 때 그의 프로필 사진들을 보는 순간 아하! 그 노인이 박영달임을 알았다. 아마도 박영달이 자신의 존재를 알아주기 바라는 무언의 암시였던 것이 아닐까? 이번에 복간되는 "청포도다방 살롱시대, 박영달 수필집 蘭을 치는 두 마음"은 그 꿈에 대한 나의 미뤄왔던 답변이라고 해도 좋을 것 같다.

2023년 12월

박 경 숙

목차

복간본을 내면서 ……………… 6

獻詩 ………………………… 12
自序 ………………………… 14

1. 깨어 있는 죽음
코스모스 ………………………… 19
때 늦은 驚異 …………………… 25
아침 산책 ……………………… 29
薰風 …………………………… 37
깨어 있는 죽음 ………………… 43
떡 장수 ………………………… 48
松林 그늘을 찾아서 …………… 53
못 찾은 味覺 …………………… 59
마이너스 카운터 ……………… 63

2. 靈感과 集中
蘭을 치는 두 마음 ……………… 75
陶藝家와 지게 ………………… 80
匠人의 造形情神 ……………… 85
文學과 나 ……………………… 90
靈感과 集中 …………………… 99
진정한 취미 …………………… 104
素朴性의 회복 ………………… 110
闓初 老人 ……………………… 119

자기 완성의 길 ……………………… 125
　　讀書와 自己向上 ……………………… 130

3. 시간의 바다
　　흙에서 자란 心性 ……………………… 135
　　나이스 맨 ……………………… 141
　　새 싹 ……………………… 148
　　黑色의 亡靈 ……………………… 152
　　이어받은 핏줄 ……………………… 161
　　두 老人의 대화 ……………………… 172
　　기술자의 숙명 ……………………… 181
　　시간의 바다 ……………………… 187

4. 寫眞藝術論
　　세계의 寫眞化 ……………………… 195
　　傳統과 古典 위에서 ……………………… 213
　　현대 사진에 대한 小考 ……………………… 222

跋文 /「글이 곧 사람」임을 절감케 하는 珠玉 … 226

논문 / 秋塘 박영달과 청포도다방 ……………… 233

프로필 사진 ……………………… 281

獻 詩

피의 結晶 晚得子여
秋塘先生 隨筆集에 붙여

고향을 떠올릴 때면 사람 하나 그 이 뿐을.
그 이를 그릴 때면 지레 살점이 우는 나.
東海를 母胎로 삼아 그 이와 나는 한 핏줄.

그러자 해서 될 것가, 우러르는 별도 같고
닮자해서 그리 될 것가. 俗살이엔 등신이라
서로는 손 맞잡은 장님으로 부추끼며 왔거니.

그 이 우물가의 나는 안심찮은 아기인데
아들뻘 어린 나를 벗으로 거두시어
그 이는 四半世紀동안을 저 山嶽의 하루같이…….

안개·구름·비·눈의 머흔 날 궂은 밤도
그 이만 비쳐 들면 내 하늘은 홀연 갠 날빛.
내 노래 으뜸 領地도 그 이 품 안에 있어라.

한 그루 果木이라면 그런 異變이 또 있는가.
잎과 꽃만 피우다가 고루 갈무린 滋養으로
때 맞아 渾身을 다해 實히 맺은 열매들!

어찌도 그리 모질고 어찌도 그리 다부진지
거듭 나시어 내친 걸음 당당하기도 하더라니
끼치신 그 晩得의 자취, 歲歲토록 푸르리.

活字 빌면 다 글이랴, 글인들 다 詩다우랴.
뼈 깎아 짜낸 피에, 피의 結晶 넋일러라.
외길로 걸었노라는 내가 그 이 앞에 무릎 꿇다.

辛酉 섣달 이렛날.

朴 敬 用

自序

나는 청년시절을 내 말과 내 글을 약탈당한 암흑의 시대에 살아왔다. 그래서 문학을 좋아하면서도 사진의 길에서 내 예술적 충동을 해소시켜 왔다.

내 나이 예순넷이 되던 76년 정월에 나는 신경성 고혈압·협심증·불면증으로 병석에서 신음하고 있었다. 이때 마침 시인 박경용(朴敬用) 군이 귀향길에 나를 찾아와서 나의 병세를 듣고는 지성인들에게는 누구나 노경이 되면 한번은 치르는 병이니, 너무 심려말고 적당히 요양을 하면서 신경을 안정시키는 방도로 글을 써보라고 권하는 것이었다. 그러면서 문예지〈현대문학〉에 실릴 수필을 한 편 써달라는 것이었다.

나의 문학생활은 이러한 경위로 시작되었다. 대상을 형상화하고 순간을 정착하여 나의 상념을 표현하는 사진의 길과는 또 다른, 사색하는 안목에서 사물을 관찰하는 새로운 비젼을 나에게 마련해 주었다.

시공(時空)을 초월한, 대상의 재현에 집착되지 않는 자유로운 표현, 나의 관념을 직접적이고 구체적으로 표현 할 수 있는 말과 글이 가진 자유로운 표현력을 뒤늦게 터득하게 되었다.

그와 더불어 사색하는 기쁨, 뼈를 깎아내는 아픔 속에서도 희열을 느끼면서 원고지의 공간을 엮는 기쁨, 이 내 글이 활자화했을 때의 새로운 나의 발견, 이러한 기쁨도 알게 되었다.

나는 이날까지 내리 몇 년을 글과 더불어 살아왔다. 어느덧 병마(病魔)는 물러가고 새로운 삶이 나를 찾아 주었다.

젊었을 때는 생각지도 않던 죽음을 내 의식 속에 공존시키면서 이 죽음을 정면(正面)하고 그리로 향하여 걸어가고 있는 스스로의 삶의 자세와 그 의지를 표현하고자 애썼다. 진실하게 사는 자만이 진실하게 죽음을 맞이할 수 있다는 나의 신념을 글 속에 심고자 애썼다.

그리고 많은 문화유산과 전통문화를 이어받고 있으면서도 내 겨레의 우수성과 특수성을 망각하고, 오로지 배금사상에 젖어 자학하고 있는 마음들에 작은 촛불이나마 켜줄 수 없을까 하고 나는 수필을 써 왔다.

「문학적 향기」라는 점에서는 거리가 있을지 모르나 까치울음과 같이 나의 글이 길조(吉兆)의 부르짖음이 되길 원하며, 제 분수 속에서 아무런 돋보임이 없이 성실하게 뜻있는 삶을 발굴하려고 노력하는 소박한 마음씨와 공감을 갖고자 이 책을 그분들에게 바치는 바다.

끝으로 나에게 재생(再生)의 기쁨을 안겨주고, 내 문학의 길잡이가 되어 주었으며, 이 책을 펴내기까지 모든 수고를 아끼지 않은 시인 박경용 군에게 문우(文友)로서의 깊은 사의(謝意)

를 표하며, 보잘 것 없는 이 책을 이만큼이라도 빛내준 속표지 글씨의 심당(心堂), 속표지 그림의 권영호(權永鎬) 발문(跋文)의 최성소(崔性昭) 등 여러분의 우정에 감사드린다.

1981년 늦가을

秋塘 朴英達

속표지 글씨 : 심당, 그림 : 권영호

1
깨어 있는 죽음

코스모스

때 늦은 驚異

아침 산책

薰 風

깨어 있는 죽음

떡장수

松林 그늘을 찾아서

못 찾은 味覺

마이너스 카운터

웃음바다 1967년 동아사진 콘테스트 입선작

코스모스

 9월 하순의 새벽은 다섯 시 반이 지나야 겨우 하늘의 어둠이 벗기기 시작한다. 그래서 나의 아침 등산 시간도 자연히 다섯 시 40분경이 된다. 그때쯤 행길에 나서면 지나가는 사람의 모습도 지척에서 알아볼 수 있고 우정을 찾는 개들도 보이고 서산 밑 철로길에 올라서면 한두 사람의 등산객도 보게 된다.

 이 시각에 늘 이 철로길에서 만나는 두 사람이 있다.

 한 사람은 내 반대편에서 오는 날씬한 여학생인데 아래에 검은 바지, 위에는 흰 학생복, 머리는 뒤에서 두 갈래로 갈라 묶었다. 강습소를 다니는지 손에는 주판과 한두 권의 책을 쥐고 활발한 걸음걸이로 철로의 침목(枕木)을 사뿐사뿐 디디며 스치고 지나간다. 한두 번은 무심히 스쳤으나 늘 그 시각이 되어 그 자리에서 만나게 되니까 어느덧 얼굴에 수줍은 웃음을 띠고 고개를 까딱하고 아는 체를 하는 것이었다. 그 웃는 폼이 마음속으로 이 할아버지를 또 여기에서 만났군 하는 눈치 같았다. 그 싱싱하고 발랄한 모습이 내 마음에 일종의 생기를 불어넣어 주는 것이었다.

 또 한 사람은 나와 같은 코오스로 가는 바른편 겨드랑이에 목발[크락크]을 낀 노인이다. 등산모에 누런 잠바를 입고 목발을 의지하여 상체를 약간 앞으로 숙여 쪼작쪼작 잰걸음으로 철로 옆길을 가고 있다. 내가 그를 앞질러 가면서「일찍습니다」하고 인사를 하면, 그도 내 등 뒤에서「일찍습니다.」하고 응답을 해오는 것이었다.

그날 아침도 평소와 같이 여섯 시 조금 전에 집을 나서서 철로길에 올라서서 침목을 한간한간 건너가고 있으니 뿌연 아침의 밝음 속에서 발랄한 그 여학생이 역시 한 손에 주판을 쥐고 앳된 수줍은 미소를 지으며 고개를 까딱하고 스쳐서 지나가는 것이었다.

그리고 앞을 바라보니 내 옆 철로 좌편 길을 목발을 낀 그 노인이 언제나 보는 그 차림과 걸음걸이로 가고 있었다. 그가 가고 있는 길이 돌자갈이 많아 울퉁불퉁하기에,「그리고 가시면 보행이 불편하지 않습니까. 저 아래 철길이 평탄해서 가시기 좋을 텐데.」하고 말을 건넸더니,「오늘은 일부러 시험 삼아서 이 길로 가보는 것입니다.」하고 답하는 것이었다. 아차 남의 속도 모르고 부질없는 소리를 했구나 싶어「그럼 먼저 갑니다.」하고 그의 앞으로 나섰다.

내가 이 노인을 등산길에서 처음 본 것은 지난 4월인 것 같다. 나도 그때는 오랜 병석에서 겨우 일어나 등산을 시작한 때라 철로 길까지는 그렇게 고된 줄 모르나 절 뒤 등산길에 오르면 숨이 차고 머리가 무거워 조심조심 올라가고 있었다. 산 중턱에 있는 휴게소 광장에 오니 양 겨드랑이에 목발을 낀 노인이 두 발을 모아서 모두 발로 목발과 교대교대로 걸음마 연습을 하고 있었다. 어디 교통사고로 발을 다쳐 쾌유길에 오르니까 퇴원해서 저렇게 운동을 하고 있구나 이렇게 짐작하며 산으로 올라갔다. 바로 그 사람이 이 노인이었다.

그 뒤론 언제나 그 시각에 거기서 똑같은 운동을 하고 있기에 그저 오늘도 또 나왔구나 이렇게 생각했는데, 하루는 산에서 내려오는 길에 우연히 그 휴게소에서 그 노인과 같이 있던 사람과 동행이 되었다. 지나가는 말로,「저 노인이 어디서 저렇게 다쳤다고 합디까?」하고 물었더니「다친 것이 아닙니다. 작년 가을에 우연히 앉았다가 일어서는데 갑자기 양다리에서 힘이 쭉 빠지면서 앞으로 폭 고꾸라 지기에 다시 일어 날려고 하니 이제는 뒤로 엉덩방아를 찧고 넘어져 그길로 병원에 입원한 것이 6개월간 가만히 누워서 치료를 해보았으나 별 효험이 없어 저렇게 집에서 치료를 하고 있답니다.」라고 하였다. 가슴이 뭉클하고 저려왔다. 헤아릴 수 없는 사람의 고난, 병석에서 나만이 불행하구나 했는데 나 위에 또 저런 불행이 있으니.

그 때부터 나는 그를 만날 때마다 마음속으로 쾌유를 빌었는데, 어느 날 갑자기 쌍목발이 외 목발로 바뀌어 보행 운동을 하고 있음을 발견하였다. 그래서 일부러 그를 찾아가서

「많이 좋아지신 모양이구먼요.」

했더니,「감사합니다. 외 목발이 되었으니 좋아진 거죠. 처음에는 집에서 이곳까지 오는 데 꼭 두 시간이 걸렸읍니다. 이

제는 그 절반도 안 걸립니다. 하루도 거르지 않고 운동을 계속한 공이지요.」 하는 것이었다.

그 후 8월 초순의 어느 날이었다. 이 〈서산등산회〉 노인들이 시청에서 블록 200장을 기증받았다면서 그 블록을 등산길 경사면에 층대를 놓고 있는데 고개 마루턱 가까이 그 노인이 목발을 의지하고 서서 작업 광경을 무심히 지켜보고 있었다.

나는 「오늘은 큰 비약을 했읍니다 그려. 여기까지를 다 올라오시고……」 했더니, 「욕심을 부려보았는데 예까지가 고작인 것 같습니다.」 하고 약간 실의에 찬 대답을 하는 것이었다. 그래서 나는 「젊은이의 무리는 훈련이 되지만, 노인의 무리는 병이 되니 조심 하십시오. 조급은 금물입니다.」 이렇게 말하고 내려왔다.

8월 16일날 아침이었다. 늘 맨손 체조를 하는 능선에서 벤치가 놓인 마루턱에 올라갔더니, 그곳 벤치에 목발을 부등켜안고 그 노인이 시가지를 내려다보고 앉아 있었다. 나는 놀랍고 반가운 마음으로, 「아니 오늘은 예까지…… 참말 기적을 낳으셨군요.」 했더니, 「사실은 어제의 8.15를 기해서 이 산을 정복하려고 뜻을 세웠는데 어제는 그 실현을 못 보고 오늘에야 겨우 뜻을 이루게 되었습니다. 이 산에 다니기 시작해서 꼭 5개월만입니다. 완전히 기동을 못 하는 불구자가 될 줄 알았는데, 이렇게 이 마루턱에서 시가지를 내려다볼 수 있게 되니 정말 재생한 기분입니다. 오랫동안 병석에서 실의와 절망 속에 헤매다가 이대로 앉아서 죽을 수야 있겠는가, 무슨 짓이든 해 봐야지 그렇게 결심하고 나선 것이 오늘, 이 마루턱에 앉게 된 것 같습니다.」

나는 꺾이지 않는 인간의 의지와 노력이 기적을 낳을 수 있는 사실 앞에 그저 묵묵히 듣고만 있었다.

그런데 10월로 접어들면서 여학생과 노인을 한꺼번에 만날 수가 없었다. 그동안 그들의 소식이 궁금은 하였으나 통성명도 하지 않은 사이라 알아볼 길도 없고 그저 서운한 마음으로 등산길에 오르곤 했었다. 그러나 그간 나에게 생기를 주고 또 인내와 용기를 맛보게 한 그들이라, 때때로 뿌연 아침 공기를 뚫고 요정같이 나타나던 여학생의 모습과 「일부러 자갈길을 걸어봅니다.」하던 그 노인의, 목발 짚은 모습이 생각키우곤 했다.

그날은 일찍 동산을 다녀와서 신라문화제에 가야겠다고 평소보다 이른 시간에 집을 나섰다. 철로길에 올라 침목의 위치를 살펴 가면서 한간 한간 건너가고 있는데, 등 뒤에서 기차 소리가 나면서 기관차의 헤드라이트가 내 앞을 확 비춰주었다. 그 밝은 빛살 속에 어제까지 철로변의 잡초인 줄 알았던 풀잎 끝에 밤 사이 갓 핀 듯한 희고 붉은 수십 송이의 코스모스가 애련하고 청순한 자태로 한들한들 춤추고 있었다.

그 순간 내 머리에는 「생(生)의 의지」란 생각이 떠올랐다. 지난 늦가을 찬바람에 대지 위에 떨어진 저 코스모스 씨앗은 삭풍 속에서 긴 동면을 거치고 봄에 새 순을 돋은 후 잡초 속에서 뙤약볕의 여름을 지나다가 하늘이 높아지고 선들바람이 불면 밤사이 활짝 꽃피우는 이 신비, 가꿔주지도 않고 도와주지 않아도 삶을 거듭하는 이 신비는 바로 저 노인과 내가 마비된 다리와 쇠약해진 신경의 회복을 위하여 부단히 안간힘 하는 생의 의지의 힘과 그 능력이 아니었던가,

열차가 지나간 뒤 그 음향을 따라 무심히 앞을 바라보니 아직도 희미한 아침 빛 속에 기차가 사라진 방향으로 지팡이를 짚은 한 노인이 천천히 한발한발 조심해서 걸어가고 있었다. 등산모자에 누런 잠바, 그리고 약간 허리를 앞으로 구부린 자세의 낯익은 바로 그 노인이었다. 그런데 전에 보던 목발이 아니고 지팡이라니, 나는 무의식중에 뛰어 내려갔다.

「오랫만입니다. 어디가 편찮았읍니까. 그간 안 보이시게」 「아닙니다. 바람도 시원해졌고 다리도 많이 나은 것 같아서 며칠 고향에 다녀왔읍니다.」 「아, 그랬었군요! 아뭏든 건강을 되찾으셨으니 축하합니다.」

진심으로 축하를 보내고 내가 가던 철길 위에 올라서니, 아직도 어둠침침한 저쪽에서 철로의 한 가운데를 날씬한 그 여학생이 사뿐사뿐 걸어오고 있지 않은가.

나는 무심결에 「오래간 만이군」하고 반가운 인사를 했더니 「네」 하면서 그도 싱긋 웃고 스쳐 가는 것이었다.

〈 慶北隨筆 79. 10 〉

때 늦은 驚異

나는 4월이란 달을 좋아하지 않았다. 그것은 자연에 대한 나의 무관심의 연장에서가 아니라, 진정한 의미에서 좋아하지 않았다. 내가 자연에 대하여 무관심한 것은 모든 예술하는 사람들이 자연 일변도의 경향에 있는 것 같아서 나는 나대로 인간을 통하여 생의 의지를 추구해보겠다는 노력에서였다. 그런데 내가 4월을 좋아하지 않는 것은 그와는 다른 이유가 있었다.

첫째는 내 신병(身病) 때문이었다. 어린이와 노인 그리고 묵은 병을 가진 환자에겐 환절기의 심한 일기불순이 얼마나 심한 고통을 안겨 주는 것인가는 겪은 사람이면 누구나 절감할 것이다. 4월이 바로 이러한 시기인 때문이다.

둘째는 내 성미가 깐깐하고 고지식해서 진실하고 성실한 사물에 대하여는 적극적이나 너절하고 허튼 수작에 대하여는 가장 싫어하는데, 누가 정했는지 4월의 첫날을 만우절로 정한 때문이다. 그렇지 않아도 우리 사회는 아직도 정연한 질서 위에 정착되어 있지 못한 실정인데, 거짓과 허튼짓을 애교로 봐준다는 것이 내 성미에는 용납되지 않는 것이었다.

그런데 이러한 4월이 나에게 자극과 충격을 주고, 자연을 경이의 눈으로 다시 보게 한 것이다.

내가 자연에 대하여 무관심하다고 했으나. 내 고장 수도산에 피는 벚꽃은 젊어서부터 좋아했다. 이 벚꽃은 언제나 4월 10일경이면 틀림없이 꽃을 피웠다. 아직도 대지가 삭풍 속에 잠자고 있을 때 홀로 4월 중순이 되면 갑자기 나의 시계(視界)를 연분홍색으로 활짝 틔워 나를 황홀하게 하는 이 벚꽃을 좋아하지 않을 수가 없었다.

그런데 금년 겨울은 눈도 많이 오긴 했으나 비교적 따뜻한 날씨가 많아서 난동(暖冬)이라고들 했다. 그래서 틀림없이 올해는 벚꽃이 예년보다 일찍 필 것이란 기대를 가지게 되었다.

나는 3월 하순에 접어들면서부터 벚꽃가지에 변화가 없나하고 살펴보았다. 꽃망울이 맺을 가지들이 진한 보랏빛으로 짙어가며 가지에 윤기가 더해가고 있었다. 이러한 나의 관심권내에 수도산 앞 절간의 철책 옆에 서 있는 목련 한 그루가 들어오게 되었다. 맨숭맨숭한 나뭇가지 끝에 둥근 망울이 돋아 있었다. 이 망울이 보일 듯 말 듯 날로 부피를 더해가고 있었다.

이러한 어느 날 밤사이 함박눈이 내려 천지를 새하얗게 뒤덮더니 한파가 밀어 닥쳤다. 이제는 추위가 다 갔다고 안심하고 마당에 내놓았던 20년 묵은 동백나무가 잎마다 흰눈을 이고 있었다. 그 동백나무의 잎들이 단번에 아래로 척 늘어지더니 시들어버리고 말았다. 드디어 예측없는 환절기의 매서운 늦추위가 습격해온 것이다. 나는 이 급변한 날씨에 지병(持病)

인 혈압을 견디어낼까 전전긍긍이었다. 감기나 들세라 그 방비에 온 신경을 곤두세웠다. 이러한 웅크리는 생활에 벚꽃과 목련이 내 안중에 있을 리가 없었다. 더구나 내 고장에는 다른 곳에 없는 독특한 「샛바람(동북풍)」이 있다. 한여름에도 이 바람이 불면 털옷을 입어야 하는데 겨울의 이 바람은 완전히 오금을 못쓰게 만들었다. 「또 미친 봄바람이구나」 저절로 욕아닌 원망의 소리가 새어나왔다.

그런데 4월 6일이던가 7일의 이른 아침, 아직도 바람 끝은 매운데 수도산 앞에 닿으니, 이제 막 핀 듯한 하얀 벚꽃 두 송이가 반짝하고 내 시야에 들어왔다. 짜릿한 충격이 전해왔다. 「드디어 일주일 앞당겨 벚꽃이 피었구나」 나의 예측이 들어맞은 쾌감과 동시에 그 찬 날씨 속에서도 기어코 꽃을 피우고 마는 그 자연의 힘에 이상한 충동을 받았다. 바쁜 걸음으로 목련에게로 가 보았다. 그도 그 사이 망울을 둘러쌌던 겉껍질을 비집고 흰 솜털같은 보슝한 살갗을 내놓고 있었다.

그 다음 다음 날, 벚꽃도 활짝 피고 목련도 겉껍질을 완전히 벗어버리고 연꽃 같은 봉오리를 오똑하게, 소담하고 청초한 모습으로 하늘을 치켜보고 서 있었다.

나는 또 다른 꽃이 없나 하고 넓은 절간 뜰을 둘러보았다. 이제까지는 담장에 가리워 잘 보이지 않았는데, 키 작은 매화나무에 매화꽃이 피어 있었고, 한 구석에는 노란 개나리와 진달래가 어울려 피어 있었다. 「참 이상하구나」 나는 모든 꽃은-벚꽃을 제외하고는- 잎과 꽃이 같이 피는 줄 알고 있었는데, 4월 초순에 피는 이 꽃들은 모두가 잎 없는 꽃들이 아닌가. 영상 영하를 오르내리는 차가운 기온과 삭풍과 봄바람이 예측 없이 교류하는 짓궂은 날씨 속에서 사람들도 추위에 맥을 못 쓰는데 이 시련과 역경 속에서 잎도 거느리지 않고 꽃이 홀로 먼저 피다니 이 신비, 이러한 자연의 생활은 먼 태고적부터 영위되었을 것인데, 나는 이제야 여기에 눈길이 닿고 깨닫게 되다니⋯⋯ 나의 우둔하고 둥한함에 스스로 부끄러움을 금할 수가 없었다. 한편 새삼 생명의 끈질긴 의지력에 생각이 미침과 동시에, 창조와 성장에 수반되는 자연의 가혹한 채찍의 존재가 새로운 의미로 인식되는 것이었다.

  모든 식물이 꽃샘의 시련을 거치고, 생명체를 이룰 때 번개 충격을 통하여 엄마의 진통을 거치고, 원소와 원소가 대기에서 합하여 이룩되는 이 수난의 철리(哲理) 이것은 생의 의지를 탐구하는 나에게 생의 의지는 바로 자연이 섭리 속에 계시되어 있음을 일깨워주는 것 같았다.

  그리고 꽃은 아름다움을 자랑하기 위하여 피우는 것이 아니라, 생의 의지는 그 누구도 꺾을 수 없다는 절대자의 강한 의지를 전달하기 위한 것, 그래서 짐짓 사람의 눈길을 끌어, 그 마음을 통하여 느끼도록 종용하기 위한 것이 아닌가 이렇게 느껴졌다.

〈 새교육 79. 3 〉

아침 산책

 동녘 하늘에 먼동이 튼지는 오래나 아직도 해돋이까지는 시간이 있는 희부연 회색빛 이른 아침이다. 뒷산 입구에 이르니 극락사(極樂寺)에서 「둥둥」하는 북소리와 함께 목탁 소리가 들려온다. 절문 앞 가까이 올라가니 남자의 굵은 독경(讀經)소리도 들린다.

 탱자나무 울타리를 따라 언덕에 오르면 보현사(普賢寺)다. 이곳은 언제 보아도 절문이 닫혀 있다. 법당문도 닫혀져 있는데, 오늘 아침은 가운데 문 두짝이 활짝 열려 있고 발이 드리워져 있다. 부처님 앞 큰 제상(祭床)위에는 촛불이 두 개 켜 있고 그 앞에서는 목탁을 든 중이 염불을 외우고 있다. 젊고 낭랑한 여자의 목소리다. 법당 안에는 몇 사람이 있는지 보이지 않고 법당문 밖에는 운동화와 딸딸이와 흰 여자 고무신이 단정히 놓여 있다. 목탁소리가 행진곡을 연주하는 타악기(打樂器)처럼 일정한 간격으로 딱 딱 딱 딱 리듬을 가지고 연타되고 있다.

 이 보현사의 규모는 적으나 법당 앞뜰이 깨끗하고 질서 있게 가꾸어져 있어 누구나 뒷산에 올라갈 때는 낮은 담 위로 뜰을 넘겨다보고 간다. 개나리도 있고 진달래도 있고 백목련도 있고, 매화와 장미도 있다. 그리고 담장 밖의 늙은 벚나무가 가지를 절 안까지 깊숙이 뻗어 4월이면 만발한 벚꽃이 한층 더 풍치(風致)를 돋구어 준다. 지금은 분홍색과 자주빛 장미가 한창이다. 이 곳 주지(住持)는 서울 모 여자대학을 나온 인텔리 여성이라는 소문이다. 그래서 신도(信徒)도 시내의 부유층과 지식층의 부인들이 많다는 이야기다.

독경과 목탁과 북소리를 들으며, 모두가 아직도 고달픈 잠결에 들어 있는 이 새벽에 왜 이러한 독경의 시간을 마련했을까? 잠에서 깨어난 맑은 정신에 깨우침을 주기 위한 것일까? 아니면 새벽 잠이 없는 나같은 습성의 고승(高僧)이 무료한 시간을 달래기 위하여 시작한 독경이 이러한 관습을 낳게 한 것일까? 아니면 금욕(禁慾) 생활에서 오는 아침의 본능적인 충동을 해소시키기 위해서인가? 이러한 생각이 떠올랐다.

어느덧 목탁 소리도 멀어지고 사방은 고요 속에 싸이는데, 갑자기 「삐쯔 삐쯔 삐쯔 삐쯔」하는 네 음절(音節)의 날카로운 새소리가 귓전을 울렸다. 아침마다 이 사당(祠堂) 앞길을 오르내리는데 오늘 아침처럼 이렇게 선명한 새소리를 듣기는 처음이다. 나는 발걸음을 멈추고 새소리의 주인공을 찾아보았다. 노송(老松)과 전나무, 밤나무, 오동나무, 벚나무, 아카시아 등 내 주위를 둘러싸고 있는 나무들을 둘러보았으나 6월의 무성한 잎에 가리워 찾을 길이 없었다. 잇달아 「삐-삐아 삐아」하는 새소리도 나고, 「짹 짹 짹」 하는 참새 소리도 들린다. 깃을 떨면서 우짖는 「짹 짹 짹」 소리가 「비브라토」로 들린다. 멀리서 「휘-호르르」하는 꾀꼬리 소리도 들린다.

맑은 공기 속에서 즐거운 마음으로 새소리를 들으며 능선을 향한 계단에 발을 올려 놓는데, 머리 위에서 누가 내려오는 기척이 났다. 올려다보니 언제나 이 지점에서 만나는 씩씩한 중년부인이다. 블록 층계를 앞가슴을 출렁거리며 뛰어 내려오고 있다. 언제나 아주 이른 새벽 시간에 내려오기에, 언젠가 「이렇게 빨리 내려올려면 집 나설 때는 꽤나 어둡겠는데요」 했더니 「학교 나갈 아이들 아침 밥 때문에 일찍 왔다 내려가야 합니다.」 하며 젊었을 때는 꽤나 미인이었을 듯한 얼굴에 미소를 지으며 내려가던 모습이 떠올랐다.

「일찍습니다.」

「일찍 올라 오십니다.」

우리들은 이런 인사로 헤어졌다.

다시 사방은 고요하다. 어디선가 「삐 삐」하는 소리와 「지지」하는 새소린지 벌레소린지 모를 소리가 난다. 「구구굿」하는 산비둘기 소리도 들린다. 완전히 멀게 가깝게 새소리의 하모니다. 울릉도에 갔을 때 그 아름다운 자연의 새소리를 들을 수 없던 것이 여간 유감이 아니었는데, 이 아침은 참으로 새소리의 향연이다.

또 다시 머리 위에서 인기척이 났다. 추리닝 차람으로 한 손에 소형 라디오를 들고 그 소리에 귀를 기울이면서 내려오고

있는 어느 선박(船舶)회사의 소장이다. 우리는 서로 스치고 지나가면서

「일찍 오셨읍니다.」

「일찍 올라 오십니다.」 하고 인사를 나누었다. 그렇다, 여기에서 만나 나누는 아침 인사는 누구나

「일찍습니다.」

「일찍 올라오십니다.」

「일찍 나왔읍니다.」 이다. 이것은 바로 「굿모닝」과 일본의 「오하이오 고자이마스」에 해당하는 인사다. 우리 겨레도 농경문화의 권내(圈內)에 있으므로 아침 일찍 일어나 일을 나갔을 텐데, 어떻게 이 아침의 산책객과 같은 이런 인사가 상용화(常用化)하지를 못했을까 의심스러웠다.

갑자기 서늘하고 부드런 산바람이 머리와 가슴에 와 닿는다. 마루턱에 다다른 것이다. 능선에 올라서니 계곡을 타고 올라오는 바람이 한꺼번에 밀어닥쳐 저절로 「아 좋다, 시원하다」라는 감탄사를 토하게 한다. 두팔을 활짝 벌려 심호흡을 두어번 하고 나서 오른편 능선을 향하여 울퉁불퉁한 비탈길에 접어들었다.

고개 위에 올라서니 오른편은 탁 트인 영일만 동해바다. 왼편은 남북으로 뻗은 산봉우리가 겹겹으로 병풍을 치고 있다. 바다는 아직도 우유빛으로 잠들고 있는데 동녘 하늘이 붉게 물들기 시작한다.

나는 어제 아침, 이 고개에서 눈 앞에 펼쳐진 풍경을 바라보면서 문득 「산은 푸르고 바다와 하늘은 청색(靑色)인데 왜 우리들은 〈녹(綠)〉자도 푸를 록, 청(靑)자도 푸를 청, 이렇게 푸름으로 뜻매김 했을까. 우리 겨레는 색감(色感)에 둔감하여 적록의 색맹이 아니라 청록의 색맹인가. 엄연히 하늘과 바다는 파란데 시인들은 푸른 하늘 은하수, 그리고 푸른 바다라 하고, 새 순을 파란 잎이라 운운했을까. 청자(靑磁)와 백자(白磁)같은 아름다운 색깔의 도자기를 낳은 우리들이 이 청록에 대하여는 어째서 엄격한 색상(色相)의 구별을 짓지 못했을까」 이런 생각을 했는데 오늘 아침, 아직도 해 돋기 전의 산색(山色)을 살펴보니 가까운 산은 완전히 푸른 솔밭으로 푸른색이나, 조금 거리가 멀고 약간 안개가 낀 산은 청색으로 보인다. 이러한 현상을 우리 농민들은 구별할 특별할 이유가 없었을 것이다. 그러므로 산을 통털어 푸르다고 느낀 결과 이러한 관습이 생긴 것이 아닐까.

이러한 생각을 하고 있는데, 뒤에서 발소리가 나면서 젊은 남녀 한 쌍이 손을 마주 잡고 지나가는 것이었다. 나는 무심히 그 발랄한 모습을 지켜보았다. 숲 속으로 난 오솔길에 접어들더니 사나이의 팔은 어느덧 여자의 허리로 옮겨지고 그들의 몸은 완전히 밀착되어 사라지는 것이었다.

돌연한 광경에 나는 당황함을 느꼈다. 이러한 광경은 오늘의 우리 사회에선 어디서나 볼 수 있는 광경이지만, 나는 언제나 이런 젊은이들의 모습에 당황한다. 그것은 이러한 행동이 우리들의 생활과 전통에서 비롯된 애정의 표현이 아니기 때문이다. 거기에는 마카로니의 냄새가 난다. 이왕 서구문화를 본받으려면 그들의 문화를 형성한 종교와 학문과 예술을 더듬어 영양소를 찾을일이지, 그들이 오랜 자기들의 전통을 이룬 신(神)과 영(靈)의 세계에 대한 반발로 인간성을 찾음과 동시에 육체의 세계로 그리고 히피의 세계로 전락한 저 저속하고 관능적인 형태에 모방의 초점을 맞출 필요가 어디 있는가. 문화는 성욕(性慾)의 억제에서 비로소 형성되는 것인데……

내가 이렇게 혼자 흥분하고 있는데「뻐꾹 뻐꾹」뻐꾸기의 울음소리가 들려왔다. 나는 퍼뜩 제정신으로 돌아왔다. 가까운 거리에서 나는 소리라 그 근방 어디에 있지 않을까 하여 고개를 쳐드니 백로(白鷺)가 천천히 나래짓을 하면서 창공을 가로 질러가고 있었다. 논바닥과 늪에서 긴 목을 쭉 뽑고 긴 다리를 성큼성큼 옮겨가며 새끼의 먹이를 찾는 모습이 떠올랐다.

늘 맨손 체조를 하는 봉우리에서 웃저고리를 철조망에 걸어놓고 다리운동부터 시작하였다. 이곳저곳 봉우리에서도 맨손체조를 하는 모습들이 보였다. 나는 손끝이 땅에 닿도록 허리를 천천히 깊숙이 굽혀 들숨보다는 날숨을 더 길게 내뿜으며 체내의 낡은 공기를 몰아내는 마지막 운동을 하고 있는데, 눈 앞 수평선에서 불덩이 같은 아침해가 구름을 뚫고 불쑥 치솟고 있었다. 장엄하다고 할까, 매일 아침마다의 해돋이인데도 언제보나 새로운 감동을 준다.

나는 맨손체조를 끝내고 오던 길을 되돌아섰다. 맑은 아침 공기. 짙푸른 잔솔 숲, 이제 막 돋는 해에 새로운 양상을 띠며 펼쳐지는 영일만(迎日灣)과 시가지와 산봉우리의 그 능선을 바라보며 천천히 내리막길을 걷는 기분은 그만이다. 호연지기(浩然之氣)는 이러한 자연 속에서 길러지는 것인 것 같다.

보현사 가까이 내려오니 시내에서 가장 큰 화식(和食)식당을 경영하고 있는 아주머니가 절 담장을 돌아서 올라오고 있었다. 몇 년 전에 주인을 잃고 혼자 식당을 경영하고 있는데 신경성 위염을 앓고 있으나 약효가 없어 등산을 계속하고 있는 부인이다.

「일찍 올라오십니다.」하고 인사를 했더니 「벌써 내려가십니까? 절에 들르느라고 일찍지도 않습니다.」하고 올라가는 것이었다.

보현사 뜰에는 대머리에 승복(僧服)을 입은 여주지(女住持)와 회색 보살복을 입은 두 여인이 함께 꽃밭에서 꽃을 가꾸고 있다. 극장을 경영하는 K여사와 화가로 교편을 잡고 있다가 지금 한식식당을 경영하고 있는 S여자다. 그들은 모 부녀회(婦女會)의 회장단(會長團)으로 활약하고 있다. 아까 올라올 때 법당 앞에 있던 신발의 임자가 이 분들이었구나 짐작되었다. 그들은 인기척에 나를 보더니 반가이 인사를 건네 왔다.

시내의 부인층에서는 이 세 부인을 부러워하면서 일종의 시샘의 눈으로 보고 있다. 돈 있고 사회적 지위가 마련되어 있기 때문이다. 그러나 이 부인들은 인간으로서, 아니 여성의 조건으로서 볼 때 한 분은 과부요, 한 분은 씨앗「妾」이 있고, 한 분은 슬하에 자녀가 없다. 이러한 환경에서 정상적인 마음의 평화를 바란다는 것은 무리한 주문이 아닐까. 이른 아침에 단잠을 설쳐가며 법당을 찾는 것도 이러한 심정의 표출이 아니겠는가.

회색의 보살복을 차려 입고 주지와 꽃밭 손질을 하고 있는 그들의 행동에서 모든 사회적인 허세와 가면을 떨쳐버리고 인간 본연의 자세로 돌아간 마음의 평화를 읽는다. 그 마음의 평화를 얻고자 그들은 불상 앞에 무릎을 꿇는 것이 아닌가.

나는 저 산 위에서 바다와 시가와 산맥을 한눈에 바라보면서 인간의 각박한 생활을 넌센스로 보는 초연한 마음으로, 나와 이 두 여인의 마음의 자세를 하나로 묶어서 관망하는 것이었다.

어느덧 나는 혼잣말을 중얼거리고 있었다.「인간은 외로운 것 같아도 외롭지가 않구나, 누구나 다 마음 의지(依支)할 데를 찾아 방황하고 헤매는 동지니까……」

〈 教育評論 78. 3 〉

薰 風

아침 식사를 막 끝낼 무렵, 둘째 손자 지현이가 유치원복을 입고 「할아버지 다녀오겠읍니다.」하고 인사를 한다. 애미가 그를 버스 타는 곳까지 데려다주려고 밖에서 기다리고 있다.

「지현아, 할아버지하고 같이 갈까?」했더니,

「그래, 할아버지하고 같이 가.」하기에 애미를 돌려보내고 지현이 손을 잡고 나섰다. 거리에 나서니, 5월의 햇살이 따갑도록 진하고 바람결은 상쾌하도록 피부에 선선하다. 옛 사람이 「5월의 훈풍」이라 한 말이 되새겨진다.

「지현아, 너 오늘 도시락 싸간다고 했는데 도시락은 어쨌니?」했더니, 빨간 조그만 유치원 가방을 손으로 두들기면서 「할아버지, 여기 있어」한다. 유치원에 다닌 뒤 처음 싸가는 도시락이라 보이지 않기에 물어본 것이다.

「너 엄마한테 도시락에 뭐 싸달랬니?」

「나 계란, 오징어, 김치 넣어달랬어」

「맛있겠구나, 다 먹지 말고 할아버지도 좀 줄래?」

「안돼. 애들하고 같이 먹는데……」

「그래? 그럼 됐어.」

백화점 옆길을 돌아서 버스 타는 도로에 나서니, 언제나 자동차로 혼잡을 이루는 4차선 도로가 아직도 출근시간이 이른지 한산하다. 뜸뜸이 택시와 버스가 오가고 있다. 금성센터 맞은편 버스 정류장에 이르자, 지현이는 잡혔던 손을 빼내어 택시 정류장의 철책으로 뛰어가 그 위에 올라앉는다. 조그만 괴나리봇짐을 앞에 놓고 머리에 수건을 쓴 노파가 철책을 의지하고 서서 어디를 가려는지 지나가는 버스를 지켜보고 있다.

유치원 버스가 올 육거리쪽을 바라보니 탁 트인 시청 쪽에서 차들이 육거리의 중심원을 빙 돌아서 내 앞 큰길을 달려 지나간다. 더러는 내 앞에서 버스가 멈추어 작업복을 입은 기능공들을 태우기도 하고 또 승객을 내려놓기도 한다. 오늘의 하루가 서서히 익어가고 있는 것이다.

나는 가만히 서 있기가 무료해서 주위를 둘러보다가 저만치 책 가게가 있음을 발견하고 그 앞으로 발길을 옮겼다. 인도쪽으로 쭉 몰아서 진열한 잡지의 종류가 가지가지다. 언제 왔는지 손자 지현이가 내 앞에 나타나더니, 그도 윈도우 유리에 붙어서서 진열된 책들을 두리번거리면서 보고 있다. 고개를 나에게 돌리며 손가락으로 진열된 책을 가리킨다.

「할아버지.」

「그래.」

「있잖아.」

「그래.」

「저기 노랑색 책 있잖아?」

「그래」

「그 책하고 요쪽에 동그라미표 둘 한 것 있잖아?」

「잘 모르겠는데……, 」

「아이참! 저기 책 위에 쬐그만 동그라미 둘하고 그 밑에 글자 쓴 책 있잖아?」

「응 알았다. 그런데……,」

「그 책하고 둘 사줘.」 어떻게 알았는지 그가 가리키는 책들은 동화책이었다. 그러나 그것은 글을 읽을 줄 아는 아이들을 위한 동화책이지 지현이와 같이 유치원생이 볼 수 있는 동화책은 아니었다.

「그 책은 너희들이 보는 책은 아니잖아, 형처럼 크면 사주마.」

「그래도 난 볼 수 있어.」

「글을 모르면 못 봐. 학교 다니게 되어야 읽을 수 있어.」

「그럼, 난 책 없잖아?」

이때 나는 문득 아침에 들은 방송이 생각났다. 일본에서 유년을 위하여 출판된 그림동화책을 모아서 이것을 파리에서 전시회를 열었는데 큰 호평을 받고 유럽 여러 나라에서도 자기들 나라에서 이 전시회를 가져달라고 신청을 받았다는 이야기다. 우리나라에서도 어린이를 위한 많은 책이 나오고 있긴 하지만, 진정 그 인생의 출발점에 서서 먼 그의 장래를 결정 지어주는 소지를 마련한다는 젖먹이와 유년에 대한 서적은 아직도 관심밖에 있다. 어린 손주놈은 이미 마음의, 아니 자기 정신의 양식을 갈망하는데 나는 거기에 응할 수 없음이 마음에 걸렸다.

그 자리에 서 있으면 또 손자에게 졸릴 것 같아서 나는 버스가 설 위치로 물러나왔다. 지현이와 같은 옷차림을 한 아이가 저기서 오고 있는데 그의 어머니인 듯한 부인이 빗솔로 머리를 빗겨 주면서 따라오고 있었다.

「잠꾸러기했나, 길거리서 머리 빗게……」

내가 웃으며 말했더니,

「아닙니다. 벌써 화장하기를 좋아해서 경대 앞에서 떠나지 않기에 차 놓칠까봐 데리고 나왔습니다.」

그의 어머니가 변명 아닌 변명을 한다.

「역시 계집아이는 다르군.」

하고 나는 웃었다. 그러자 또 한 아이가 저 쪽에서 나타나는데 이 애는 어른스럽게 아무도 따라 오는 사람이 없었다.

「지현아, 봐라. 저 애는 엄마 없어도 혼자 오고 있잖니. 내일부터는 너도 혼자 차 타러 오렴.」

「…………」

대답이 없다. 그렇게 말하는 내 마음에는 교육학에서 다룬 아동심리에 대한 이야기가 생간난다. 인간 형성은 어린이에게 기울이는 부모의 애정 농도가 큰 영향을 준다고 한다.

그래서 적어도 국민학교 저학년까지는 귀찮더라도 아이들

이 학교 갈 때는 꼭 문앞까지 따라 나와서 그의 가는 모습을 지켜 봐 주라는 것이었다.

혼자 오는 아이가 대견스럽기는 하나, 다른 아이가 그의 어머니의 손을 잡고 차 타러 오는 모습을 보면 그의 마음에는 아무런 동요도 일어나지 않을까.

그 때 육거리 저쪽에서 푸른 띠를 두른 유치원 버스가 보였다.

「지현아, 차온다. 이리와.」

가로수의 허리를 잡고 맴돌고 있는 지현이를 불렀다. 그는 내 앞까지 뛰어와서는

「자, 나란히 서.」

하고 인도 가장자리에서 자리를 잡고 선다.

아까 머리를 빗기우던 아이가 그 뒤에 따르고, 맨 나중에 혼자 오던 아이가 끝자리에 선다.

「벌써 사회생활의 시작이구나」하고 나는 혼자 중얼거렸다. 버스가 지현이 앞 가까이에서 멎었다. 고만 고만한 유치원 아이들이 의자에 주욱 앉았는데 똑같은 복장이라 누가 누구인지 얼굴을 가려 볼 수가 없었다.

안에서 문을 따준다. 지현이와 아이들은 반가이 뛰어 올라간다. 지현이가 뒤를 돌아보는데 문은 닫히고 버스는 떠나갔다.

하늘은 가을같이 맑고 햇볕은 가로수 잎을 진하게 물들이

고 있는데 차를 뒤따르는 바람은 훈훈하다.

　이 싱그러운 달을 어린이의 달이라고들 했지.

　돌아오는 길에 「그럼 나는 책이 없잖아?」하던 지현이의 말이 이상하게도 가슴 밑바닥에 서리어 자꾸만 발길에 채었다.

〈 韓國文學 78. 8 〉

깨어 있는 죽음

언제나 정오 가까운 시각이 되면
「도마도나 복숭 사이소. 할매, 살거 없는교?」
하고 우리집 앞을 지나가는 단골 과일장수가 있다. 서른이 조금 넘은, 몸집이 뚱뚱한 아주 건강한 아주머니다.

리어카 하나 가득 과일을 싣고 그것을 뒤에서 허리를 약간 제치고 밀고 와서는 우리집 근방에 멈춘다.

오랜 과일 장수로 얼굴은 햇빛에 많이 그을렸으나 아주 잘 생겨 호감이 가는 아주머니다. 몇 년을 두고 큰비 오는 날 외에는 걸르는 법 없이 우리집 앞을 찾아오곤 했다. 우리 집사람이 과일을 고를 때면 나는 곧잘 옆에 가서 아줌마에게 농담을 걸었다.

「아주머니 이렇게 하루도 쉬지않고 무거운 리어카를 밀고 다니며 벌어서 누굴 줄려고 그래요.」
「줄 것까지 벌립니까. 젊을 때 부지런히 설쳐보는 것 뿐이지요. 이렇게 부피만 야단스럽지 얼마 남지 않습니다.」
「많이 버십시오. 나중에 기둥 뿌리 하나 뽑아올 테니……」
「그러십시오. 그 대신 많이 팔아주십시오.」
나는 그녀의 싱싱한 모습에서 억센 삶의 의지를 느낀다.

우리는 젊어서 겪는 고생은 고생으로 여기지 않고 살고 있다.「고진감래(苦盡甘來)」란 옛말을 생활화한 때문일까. 이 싱싱하고 부지런한 모습을 보고 있으면 나는 부러움과 동시에 나의 젊었을 때 모습이 향수로 떠오르곤 한다.

  물질적인 욕망은 아예 나의 천성이 이에 격 맞지 않아서 욕심을 부려볼 건덕지도 없었으나, 내가 하는 일에 대하여는 남달리 충실하고자 애썼다. 그 때의 내 모습을 회상해도 큰 부끄럼은 없다. 더구나 우리의 옛노래,「노세 노세 젊어서 놀아보세 늙고 병들면 못노나니……」하는 그 노래가 나에겐 망국조(亡國調) 같이 들려서 아예 논다는 생각은 금기로 하고 살아왔다. 병을 모르는 강인한 체질이라 삶에 대한 의욕은 왕성하였다.

  그러나 역시 인간은 만년 청춘일 수는 없었다. 나이의 뒤에 따라오는 병마와 기관의 둔화는 막을 길이 없었다. 환갑이 넘어 한번 큰 병을 앓고 나서는 그것을 매듭으로 나의 건강은 늙어지면 유유자적하게 산수 구경을 하겠다던 나의 젊었을 때의 꿈을 좌절시키고 말았다. 오랜 투병생활은 나에게 꿈에도 생각지 못했던 새로운 희망(?)을 안겨주게 되었다.

  어떻게 하면 평안한 죽음을 맞이할 수 있을까, 즉 행복한 죽음을 갈구하게 되었다. 관념적으로 그리던 죽음의 모습이 실상(實相)으로 나에게 대두한 것이다. 농담조로 말하던 죽음의 복이 절실한 소망으로 현실화한 것이다.

그러면 어떻게 맞는 죽음이 진정한 행복의 죽음일까? 내가 바라고 만족하는 죽음은 과연 어떤 것일까? 그래서 누가 죽었다고 하면 으레 그의 최후의 상황을 물어보곤 했다. 위암으로 죽었다고 하면 그 마지막의, 참으로 뼈와 가죽이 상접할 때까지의 그 괴로운 모습이 눈에 선하여 나는 몸서리를 쳤다. 그리고 중풍으로 죽었다고 하면 그 부자유한 몸으로 죽는 순간까지 지루하고 긴 고통의 세월이 연상되어 모골이 송연함을 느끼는 것이었다. 심장마비로 죽었다. 아니면 연설 도중에 졸도한 것이 의식을 회복하지 못하고 영 가버렸다. 간밤까지는 싱싱했는데 밤사이 자고 나니 죽었더라……. 이런 말을 들으면 「그래도 그분들은 죽음의 복을 타고 난 사람들이구나」 이렇게 생각했다.

  그러나 마음 저 밑바닥에서는
「아니야, 그건 내가 바라고 소망하는 죽음의 자세는 아니야. 그건 너무 허무해. 위암과 중풍보다는 안락한 죽음이긴 하나 역시 내가 마음에 그리고 있는 죽음의 자태는 그것이 아니다.」

  무언가 꼭 집어서 말할 수는 없으나, 석연치 않은 그 무엇이 가셔지지 않고 마음에 가라앉는 것이었다.

  나는 내마음의 정체를 파악하기 위하여, 아니 그것보다도 자꾸만 죽음의 순간에 대하여 파고드는 상념이랄까 강박관념을 달래기 위하여 나의 관심을 종교 음악으로 돌렸다.

바하의 올갠음악과 가톨릭의 그레고리안 성가, 베토벤의 미사곡·진혼곡 등의 음반을 모으기 시작했다. 모짤트의 〈레퀴엠〉(진혼곡)도 이때 입수했다. 그와 동시에 이 레퀴엠을 작곡할 당시의 모짤트의 모습과 그의 임종에 대한 상황도 알게 되었다.

이 모짤트의 진혼곡은 모짤트가 35세때, 바로 그가 죽던 해의 여름에 이름을 밝히지 않은 어떤 신사의 요청으로 작곡을 하게 되었다. 그때 그는 〈마적(魔笛)의 오페라〉를 작곡중이라 이에 대하여 손을 대지 못하고 있었다. 두 번째의 독촉을 받고 〈마적〉에 손을 뗀 후 즉시 작곡에 착수하였다. 그러나 결국 이 곡을 완성시키기 전에 그는 1771년 11월 병석에 쓰러지고 말았다. 지독한 가난살이에 시달린 그는 이미 자기의 여생이 얼마 남지 않았음을 예견하고 자기 재능을 즐겨보지도 못한 채 떠날 것을 편지에 호소하고 있었다. 그러면서도 휴식보다는 일하는 것이 더 편하다고 하면서 그는 작곡에 몰두했다. 그러나 죽음의 그림자는 그를 놓아주지 않았다. 12월4일, 친구들은 그의 위독함을 알고 모여들어서 그가 작곡하다가 둔 그의 진혼곡을 그의 머리맡에서 불렀다. 그는 그 곡이 끝나기 전에 숨을 거두었다.

그 임종의 순간 모짤트는 자작의 진혼곡을 들으면서 숨을 거둘 때까지 무엇을 생각하고 있었을까? 나는 쉬이 그의 마음을 알 수 있을 것 같았다. 그는 자나 깨나 일에만 몰두하고 있었고, 또 그 곡이 아직도 미완성임을 걱정하고 있었기 때문에, 그 곡의 완성을 위하여 다음에 쓰여질 가락을 구상하면서 그것을 머리 속에 읊고 있었을 것이라고.

이와 같이 최후까지 깨어있는 죽음, 그가 선택한 길에 몰입하여 그 몰입된 경지에서 맞는 이 죽음의 순간-이것이 바로 내가 염원하고 희구하던 복된 죽음의 정체가 아니겠는가. 나는 비로소 오랫동안 찾던 회답을 얻은 듯 머리가 개운하여짐을 느꼈다.

그 순간 나는 소스라쳐 놀랐다. 내가 지금까지 탐구하고 있다는 죽음에 대한 상념은 바로 이것이 실지로는 죽음이 아니라, 생의 진실을 추구하고 있었던 것이 아닌가 하는 날카로운 반문의 소리가 들려왔기 때문이다.

이날까지 병고와 노령으로 좌절된 생의 의지가 의식의 밑바닥에서 네가티브로 잠재해있던 것이 깨우침과 동시에 포지로 양성화하여 의식의 표면에 노출되었던 것이다. 비로소 나는 생의 욕구가 아직도 내 마음 속에서 꺼지지 않고 성화(聖火)처럼 불타고 있다는 사실을 정시(正視)하게 되었다.

〈 月刊中央 79. 3 〉

떡 장수

따뜻한 4월 하순의 어느 날 오후, 입이 오른편으로 비뚜러지고 눈도 약간 힐끔한 50줄의 여인이 함지를 이고 들어오며 떡을 사라고 했다.

나는 가루 음식을 금하고 있었기 때문에 떡은 가까이 하지 않고 있었으나 들어온 장사치이기에,

「무슨 떡이 있소?」

하고 지나치는 말로 물어보았다. 쑥떡도 있고 인절미도 있고 시루떡도 있다고 했다.

쑥떡은 가루음식이 아니니 한번 먹어 보았으면 싶어 아내를 불러 몇 개 사라고 일렀다. 간도 맞고 졸깃졸깃한 것이 입맛을 돋우었다. 그래서 그 떡 장수에게 떡맛이 아주 좋으니 가끔 지나치는 길이 있거든 들르라고 하였다.

며칠이 지나서 또 그 중년 떡장수 여인이 들렀다. 그날 나는 점포 앞에 서서 무심히 지나가는 사람들을 바라보고 있었는데 그 아주머니가 리어카를 육거리쪽에서 밀고 오더니 우리집 근처에 와서 멈추고 그 위에 얹어두었던 떡함지를 이고 우리집으로 들어오는 것이었다.

나는 반가이 문을 열어주며 그녀를 점포 안으로 맞아들였다.

「오늘은 도토리묵도 해왔읍니다.」하며 그녀는 비뚜른 입술에 미소를 지었다. 그리고는 긴 의자에 앉으며 자기 무릎위에 떡함지를 내려놓았다.

딴딴해 보이면서도 말랑말랑하고 토실토실한 갈색으로 빛나는 연고체(軟固體)의 묵이 구미를 끌었다.

그래서 묵과 떡을 사면서 떡장수 시작한지 몇 년이나 됐느냐고 물어보았다.

「만 20년째입니다. 영감을 잘못 얻어서 백수건달로 놀기 때문에 첫 아들을 낳고는 그 자식을 굶길 수 없어서…… 돈 없는 여자 장사가 이것 밖에 더 있읍니까?」

「음식 솜씨가 좋으신데 많이 팔리지요?」

「먹어본 사람은 맛있다고 잘들 팔아 줍니다. 그러나 어떤 분은 제 입이 비뚜러졌다고 기분 나쁘다고 살려고 하지를 않습니다. 일전에도 어느 종합 병원 입원실로 찾아갔더니 내 얼굴을 쳐다보고는 기분 나쁘다면서 들어오지도 말라고 합니다. 모두가 중병을 앓고 있는 사람들이라 그렇잖아도 병신이 되느냐 죽느냐 하는 마당인데 병신인 나를 보면 그 가족이 좋아할 리가 있겠습니까. 그런데 한 분이 '저렇게 여자가 입이 비뚜러져도 부끄러운 줄 모르고 살려고 애쓰는 것이 가상하다'고 하면서 오히려 반가이 들어오라고 하더니 많은 떡을 사주었읍니다. 떡 맛을 보더니 참 아주머니 솜씨 아깝다고 합디다.」

「참, 말이 났으니 묻기는 안됐읍니다만, 입은 어쩌다 그렇게 되었어요?」

「돈 없는 탓이지요. 중병을 앓다 보니 병원엔 돈이 겁이 나서 못가고 한의한테 가서 침을 맞았더니 이 지경이 되었읍니다.」

「슬하에 자녀는 몇 분이십니까?」

「아들 하나 뿐입니다.」

「지금 무얼하나요?」

「지난해에 대학입시에 떨어진 것을 억지로 재수를 시켰더니 금년에 서울대학에 붙었읍니다.」

「오, 서울대학, 그래요? 참 반갑습니다. 우리 고장에서 서울대학이란 하늘의 별 따긴데 재주가 놀라운 모양이로군요. 아주머니 고생한 보람이 있읍니다.」

그녀는 일그러지는 입술과 얼굴을 손등으로 가리고 만족한 웃음을 지르며,

「제가 하겠다 노력하니 되는 일이지 내가 무슨 힘이 있읍니까.」

「그러나 이렇게 무거운 떡함지를 이고 집집마다 찾아다니며 뒷바라지를 한 때문에 그런 성과를 가져온 것이지 아이 혼자 힘으로야 되겠읍니까.」

「사실 이렇게 20년을 쉬는 날 없이 떡함지를 이고 다니니 이제는 머리가 쑤시고 아파서 머리를 쓸 수가 없읍니다. 그래서 집에서 나올 때는 떡을 리어카에 실어서 나오곤 합니다.」

「아뭏든 장하십니다. 그 정성이 어디 가겠읍니까. 멀잖아 좋

은 열매를 볼 수 있을 겁니다.」

「장하긴. 이 병신 애미가 자식 공부도 못시키면 무슨 사는 보람이 있겠읍니까.」

나는 그녀와 이런 이야기를 나누며 「여성」과 「모성」에 다 같이 감격하면서 일종의 불안감 같은 느낌이 가슴 밑바닥에서 피어오름을 지울 수가 없었다.

저렇게 온 정성을 다하여 자식을 공부시킨 그 보람이 허사가 되지 않을까 하는 불안감이었다. 지금은 고생하는 어머니를 눈앞에 보면서 그 어머니로부터 돈을 타쓰니까 어머니가 제일인 것처럼 느껴지지만, 서울 생활을 하고 학교를 나와 취직도 하고 결혼을 앞둔 여성 교제를 가질 때, 과연 그가 교제하는 여성에게 이 입이 비뚜러지고 함지 이고 집집을 찾아다니는 떡장수 자기 어머니를 가리켜, 「이분이 나의 어머니시다.」 이렇게 떳떳이 소개할 수 있을 것인가. 오히려 중학교까지를 겨우 나와 노동판에서 기술을 익히고 알뜰히 돈을 모은 사람은 부모를 모시고 효도를 하지만, 어려운 살림을 꾸리며 더구나 농촌에서 논밭을 팔아 서울의 대학 공부를 시켜 놓으면 맨 먼저 한다는 소리가 「우리 부모는 무식하고 고루해서 말이 안돼.」 - 이렇게 뇌까리는 것이 현실이 아닌가.

나는 서울대학에 입학했다는 그 아들이 이 떡장수 어머니를 부끄럼없이 남에게 소개하는 떳떳한 사회가 하루 바삐 돌아오기를 진심으로 바랐다.

「많이 팔아주셔서 고맙습니다.」

　함지를 머리에 올려놓으며 흐뭇한 기분으로 문을 열고나서는 그녀에게 자식으로부터 배반 당하는 설움이 오지 않기를 가만히 마음 속으로 빌었다.

〈 時調文學 78. 봄 〉

松林 그늘을 찾아서

우리 네 노인은 우연히 같은 자리에 모이게 되었다. 시끄러움과 더위를 피하여 이곳 저곳을 다녀본 나머지, 여기가 해수욕장 옆이면서도 사람이 크게 붐비지 않고 또 송림이 있고 잔디는 아니나 앉을 만한 풀밭이 있고 시원한 바람이 불고 있었기 때문이다.

지난 해의 더위는 다른 해와 달리 격심했다. 더구나 8·15를 지난 뒤의 늦더위는 30도에서 35~6도를 넘나들 때가 많았다. 신경성 고혈압에 시달리고 있는 나에게는 이 불볕같은 태양별의 울림과 무더운 서기(暑氣)에 혈압이 높아져 집안에 앉아 배길 수가 없었다. 해수욕도 달갑지 않고 그렇다고 피서갈 형편도 되지 못하여 가까운 교외에 적당히 쉴 자리가 없을까 하고 물색하던 중, 나와는 40년의 지기(知己)로 함께 문화운동을 해오던 이 장로를 등산길에서 만나 이런 이야기를 했더니 좋은 곳이 있다고 안내를 받은 곳이 여기였다.

이 장로는 지난 7월에 둘째 아들 가족을 미국으로 이민 보내고 그 아들이 저질러 놓고 매듭 짓지 못한 경제적인 문제와 어린 손자들이 떠날 때 눈물겨워하던 애처로운 모습에 충격을 받아 불면증으로 인하여 조용한 휴식처를 찾다가 여기를 알게 되었다고 하였다.

  우리는 오후가 되면 약속이나 한듯 자전거를 타고 이 곳을 찾았다. 이 고장에서 말하는 「샛바람(동북풍)」이 불면 바다쪽 송림 아래로 비닐자리를 깔고, 갈바람이 불면 넓은 채소밭과 조선소(造船所)가 있는 송림 그늘 밑에 자리를 옮겨서 그 시원함을 즐겼다.

  우리들의 대화는 다 같이 죽음을 바라보는 고령(高齡)인데다 또 오랫동안 병마(病魔)에 시달렸고 현재도 그 시달림을 받고 있는 처지라 이 병고의 괴로움과 외로움 때문에 크리스찬이면서도 이것을 하나님의 은총으로 받아들이지 못하고, 어떻게 하면 죽음을 의식하지 않고 죽음의 공포 없이 죽음을 맞이할 수 있는 복을 누릴 수 있을까, 이런 것에 쏠리곤 했다.

  그런데 하루는 손님 때문에 그 장소에 나가지 못하고 다음날 나갔더니 이 장로 옆에 키가 훤칠하게 크고 이마와 볼에 굵은 주름이 잡힌 낯선 노인이 함께 있었다.

  나는 여기에 오는 송림길에서 보릿짚 모자에 운동화를 신은 이 고장의 저명한 사업가였던 H씨를 만나 혼자 웬일이냐고 했더니 저 송림 속에 조용한 장소가 있어 거기 산책 가는 길이라 해서 동행이 되었다. 이 장로는 우리를 반가이 맞으면서 옆에 있는 노인을 소개하였다. 나이는 일흔 둘, 성은 서씨. 이 서씨 노인도 우리와 같이 조용하고 시원한 곳을 찾아 시내 주변을 골고루 다녀보다가 여기가 제일 좋다면서 나오게 되었다고 하였다. 나이에 비해 기운도 좋고 입심도 좋은데 3년 전에 상처(喪妻)를 한 뒤론 외롭고 쓸쓸해서 이렇게 줄곧 나다닌다고 했다.

「큰 아들이 동란 때 전사했읍니다. 그 때문에 집사람이 상심이 되어 마음을 붙이질 못하기에 보다 못해 술을 좀 해보라고 권했더니 이것이 차차 주량이 늘더니 나중에는 중독자가 되어버렸읍니다. 급기야는 중풍을 일으켜 오래 앓다가 죽었는데 죽기 전에는 노상 앓기만 하니 짜증도 나고 저렇게 고생을 할려면 차라리 가는 것이 편치 않을까 이런 생각도 했읍니다만, 막상 죽고 보니 이제는 집에 들어가려 해도 기다리는 사람이 없고 짜증부릴 곳도 없고 또 하루 종일 있어야 입 한번 뗄 일 없고 참말 기가 막힙니다. 빈 방에 들어서려면 먼저 가슴부터 막히고 앉으면 벽뿐이고 누우면 천정뿐이니 답답하고 지루하고 쓸쓸해서 살 수가 있어야죠. 견디다 못해서 새벽 3시만 되면 일어나 집 밖을 서성거리게 되고 낮이면 무턱대고 자전거를 타고 돌아다니게 됐읍니다. 여름이 되고 보니 더워서 노상 다닐 수도 없고 조용히 쉴 곳을 찾다보니 여기가 제일 좋습디다.」

서노인은 이가 절반이나 빠진 입술을 약간 합죽거리면서 신세타령 아닌 심정을 털어놓았다.

「H사장하고는 이렇게 조용히 만나기는 처음인데…… 양조장을 둘씩이나 가지고 그렇게 사업을 크게 하시던 분이 언제

부터 이렇게 자연을 찾게 되었읍니까.」

이 장로가 내 옆에 앉아있는 H씨를 보고 물었다.

「당뇨병 때문입니다. 꼭 10년 전이지요. 이곳 포항에 종합제철(製鐵)이 들어서기로 결정된 전 해니까요. 몸이 이상해서 서울에 가서 진찰을 받았더니 당뇨병이라고 하면서 식사를 엄하게 제한시킵디다. 보리밥 한 공기에 지정된 부식 몇 가지, 이러한 나의 식사를 본 종업원들이 우리 사장 죽을 병 걸렸다고 그만 마음들이 변합디다. 내 친척을 지배인으로 고용하고 있었는데, 이 사람부터 돈을 빼돌리기 시작합디다. 그때 시내에는 내 집 술을 팔아달라고 집까지 사서 무료로 장사시킨 사람들도 있었는데, 어느새 내 술을 팔지 않고 남의 양조장 술을 팔고 있었어요. 어떻게 되겠어요. 화가 나서 견딜 수 없었읍니다. 신경질이 될수록 병은 더해 가고 이러다가는 전 재산이 다 날아가고 말 것 같았읍니다. 생각다 못해서 사업체를 그저 주다시피 해서 처분했읍니다. 참말로 불꽃같이 일던 사업체를 하루아침에 헐값에 넘기고 나니 미칠 지경이 됩디다. 이러니 잠인들 제대로 잘 수 있읍니까. 자다가 소스라쳐 깨고 보면 없어진 재산생각에 미칠 지경이었어요. 이 꼴을 본 집사람이 제발 이러질 말라고 날 위로했읍니다. 우리가 망한 것은 아니니까 병만 나으면 다시 일어설 수 있지 않겠냐고. 나도 생각하니 이러다간 재산 잃고 사람마저 죽는 변이 날 것 같은 생각이 들었읍니다. 그제야 새 정신이 듭디다. 그 때부터 이 포켓용 라디오를 벗 삼아 걷기 운동을 시작했읍니다. 집에 앉아 배길 수가 없으니까 시골길을 걸어가다가 마을 청년들에게 간첩혐의를 받은 넌센스도 있었읍니다만, 나의 이 도보행각은 점차 거리를 넓히면서 꾸준히 계속되었읍니다. 내 마음을 갈기갈기 찢어 놓던 잃어버린 사업체에 대한 아쉬움도 점차 가셔지며 마음의 평온을 되찾게 되니 병도 차도를 가져오는 것 같았읍니다. 그 때부터 나는 자연이 좋아졌고 고요함, 맑은 공기 푸른 하늘과 들판, 짙은 산빛, 이런 것들과 정이 들게 되었읍니다.」

H씨는 카랑카랑한 목소리로 지나온 자기 심정을 토로하고는 잠깐 산책하겠다면서 저 쪽 송림 사이로 사라졌다.

나는 얼마 후 H씨가 사라진 길을 따라 송림 속으로 가 보았다. 그는 우리가 있는데서 1백미터쯤 떨어진 송림 속 넓은 풀밭을 거닐고 있었다. 쓰러진 한 그루 나무 등걸 위에는 손수건이 깔려있고, 그 옆에는 포켓용 라디오가 놓여 있었다. 솔숲도 짙고 넓은데 푸른 초원 위에 송림을 새어나온 햇살이 간간이 무늬를 놓고 있었다.

나를 본 그는 다가왔다.

「여기가 얼마나 좋습니까. 나무가 꽉 들어차 있고, 초원도 넓고, 바닷내음 풀내음 솔내음 다 싱그럽죠. 이 맑은 공기…… 그런데 이것을 모르는 내 친구들이 나를 돌았다고 합디다. 내가 10년을 한결같이 이렇게 도보행각을 하고 있는 것이 미친 때문입니까. 사람이 무엇입니까. 얼마를 살 겁니까. 돈에 대한 집념이 없어질 때, 욕심을 버릴 때, 그리고 오랜 병에 시달려 보지 않고는 이 고요함, 그리고 이 자연의 신선함을 즐길 줄 모릅니다. 그렇지 않습니까?」

절실한 이야기지만 나는 긍정도 부정도 하지 않았다. 인생의 목적을 돈벌이에 두고 살아온 그가 병을 얻고 사업체를 잃고 그 후 10년을 하루같이 도보행각을 한 결론이 자연에의 회귀(回歸)라면 여기까지 도달한 그의 마음의 행로가 얼마나 처절하고 심각하였을까. 나는 그저 숙연해질 뿐이었다.

이 솔밭에 모인 네 노인들은 다 각기 제 나름대로의 고통을 안고 몸부림 속에서 그날을 소일하고 있다. 그 자세가 생활권에서 소외된 미미한 하루살이의 생태이긴 하지만, 고독과 고통 속에서 체득한 인내·체념·탈속(脫俗)의 경지는 자연을 알고 자연 속에 안기어 괴로움을 해소시키는 지혜로움을 간직하고 있는 것이다.

〈 教育春秋 77. 8 〉

못찾은 味覺

나는 내 자신의 미각을 혼자 음미해 보았다.

일반이 말하는 다섯가지 맛(五味), 신맛·쓴맛·매운맛·단맛·짠맛에 대하여는 남달리 민감한 반응을 일으킴을 확인할 수가 있었다. 그런데 저렇게 모두들 죽고 못사는 담배 맛을 모르니 도무지 내가 생각해도 이상한 일이다.

문인들은 원고지를 대하면 먼저 담배부터 부쳐 문다고 하고, 그 중에도 꽁초(空起吳相淳) 선생은 얼마나 담배를 좋아했던지 식사 때도 세수할 때도 담배를 끄지 않고 이 손가락에서 저 손가락으로 옮겨 쥐었다는데……,

그리고 유치장에 갇힌 피의자들을 보면 면회 때 얻어 온 한 토막 담배꽁초를 서로들 간수의 눈길을 피해가면서 엄지와 장지의 손끝으로 꼭 잡고 한모금 쭉 빨아서 다음 사람으로 넘겨주고는 이 연기를 가슴 속 깊이 들여 마시고는 잠시 삭힌 후 아쉬운 듯 손부채질을 하면서 서서히 뿜어내며 눈을 지그시 감고 담배 맛을 음미하는 것이었다.

그러나 나의 눈에는 이것이 이상하게, 아니 그 보다는 상스럽게 보이면서도 한편 남이 다 좋아하는 걸 나만 이에 어울리지 못하니 이방인 같은 소외감이 드는 것이었다.

더구나 남자의 의젓하고 원숙한 모습은 저 처칠경과 같이 시거를 입에 물고 명상하는데서 느낄 수 있어서 나도 담배 파이프를 구하여 담배를 피워물고 한모금 빨아 보았더니, 쓰기만 하고 쿨룩쿨룩 기침이 나서 팽개치고 말았다.

내가 젊었을 때의 이야기다. 해방 전에 서울에서 친구의 형이 경영하는 회사의 부속 철공장에 공장장으로 삼년동안 근무한 일이 있었다. 나를 소개한 그 친구는 일본의 경영대학을 나온 멋쟁이로 종로에서 모터상회를 경영하고 있었다. 춤을 좋아하여 가끔 저녁에 나를 불러내어 명월관과 국일관에 가서 기생과 어울려 춤을 즐겼다. 그러나 나는 그런데는 초년병이라 술상 앞에 딱딱하고 뻣뻣한 자세로 앉아 있으면 보기가 민망했던지 「피죤」을 두 갑 사오라고 해서는 한 갑을 나에게 주면서, 「사내가 요정 출입을 하면서 담배 하나 못 피우면 말이 되는가. 한번 피우는 연습을 해 보게나.」하는 것이었다. 그후 그는 나를 만날 때마다 「피죤」을 사주며, 「이제는 맛을 좀 알게 되었는가.」 하고 독촉 아닌 독촉을 하는 것이었다.

그러나 담배를 피우고 있으면 도무지 지겨웁기만 해서 건성으로 연기만 후후 입 밖으로 내뿜어보다가 반도 못 탄 담배를 비벼 꺼버리는 것이었다.

그 후 포항에 내려와서 기자생활을 하게 되었는데 매일 매일 취재차 관청과 유지(有志)들을 찾아다니게 되었다. 이 직업도 나에겐 처음이라 익숙치 못해서 처음 누구를 만나면 말 붙이기가 거북하고 또 싱겁고 말머리가 잡히지 않아서 서먹서먹한 기분을 지울 수가 없었다. 이 이야기를 선배기자에게 했더니, 담배를 사서 피우고 상대에게도 권하면서 어색한 분위기를 풀어 보라고 권하는 것이었다. 그래서 담배를 호주머니에 넣고 다니기는 했는데 이것도 생활화하지 못한 때문인지 자연스럽게 내놓을 수가 없었다. 어쩌다 한번 담배를 상대에게 권했더니 피우던 사람이 이상한 얼굴로 나를 쳐다보기에 「왜 그러느냐」고 했더니, 「이 담배 어느 가게에서 샀읍니까. 나쁜 사람. 아주 말라 못쓰는 담배를 주었군요..」하는 것이었다. 그제야 내 호주머니에서 개봉한지 오래된 담배임을 알고 몸 둘 곳을 몰랐다.

어쩌다 다방에서 혼자 담배를 배워 볼려고 제법 내딴에는 의젓한 솜씨로 담배를 피워 물고 연기를 뿜고 있으면 옆에 있는 레지가 「선생님, 담배 처음 피우시는 거죠?」하고 묻는다. 왜 그러느냐고 하면 담배 쥔 폼이 아주 어색하다고 무안을 주는 것이었다.

그 후 의학이 발달되어 담배가 폐암을 유발 한다는 기사를 읽고는 잘도 담배를 피우지 않았다고 좋아했다. 그랬는데 정부당국에서 간첩을 색출하려면 먼저 그 수상한 사람에게 우리나라 담배의 이름과 그 값을 물어보고 그것을 모르면 일단 간첩으로 인정해도 좋다는 말에, 「이거 큰일 났구나, 담배 이름은커녕 그 가격도 전혀 까막이니 카메라 들고 다니다가 검문에 걸리면 어쩌지?」하고 걱정을 했다.

그 후 담배이름을 겨우「거북선」「한산도」하고 익히기는 했으나, 모두들 무엇 때문에「거북선」을 좋다고 하고, 또 신문에는「거북선」의 공급이 적다고 야단들을 하며「당국이 담배의 질을 낮춘다」「품귀현상을 조성한다」고 투덜대는지 그 기분을 완전히 이해할 수가 없었다. 나처럼 안 피우면 되는데 하는 생각이었다.

이런 일이 가끔 있다. 모처럼 손님이 와서 이야기하다가 내가 담배를 내어놓지 않으면,「미안합니다만 담배 심부름 좀 시킬 수가 없겠읍니까?」한다. 그때야 나는 실례됨을 알고 황급히 담배가게로 뛰어가는 것이다. 담배를 달라고 하면 무슨 담배를 사겠느냐고 가게 주인이 묻는다. 나는 얼른 담배 이름이 생각나지 않아서 무슨 담배가 좋으냐고 되묻는다.

「거북선」은 없고「한산도」밖에 없다고 해서 그것을 손님에게 권하면 받기는 하지만, 피우지 않고 들고 있다가 놓아버리고 가버리는 것이다. 이럴 때마다 나는 너무나 어처구니가 없어서 나 자신을 돌아보고, 내가 다른 일에는 크게 뒤진다고 느끼지 않고 있는데 이 담배만은 40년동안 별러도 그 맛을 찾지 못하니,「진정 나는 미각이 결여된 모자라는 사람일까?」하고 어정쩡한 기분에 사로잡히는 것이다.

〈 浦項 라이온스클럽 10年史 78. 10. 7 〉

마이너스 카운터

 아침에 등산 갔다가 산마루턱에서 바른편 능선으로 올라가는 K씨를 만났다. 반년 가까이 만나지 못했던 터라 반가이 인사를 하였더니 도로 내려온다.
 「서울 가셨다는 이야기는 들었는데…… 서울 재미가 꽤 좋았던 모양이죠.」
 「재미가 좋은 것이 아니라 중씨(仲氏)가 위암으로 앓고 계신다 해서 문병간 것이 결국 초상을 치르게 되었습니다. 서울 있으면서 놀란 것은 내가 늙었다는 것을 인식한 것입니다. 버스를 탈 때마다 번번히 젊은 사람과 학생들이 일어서서 나에게 자리를 양보해 주는데 내가 아무리 사양해도 다음 정류소에서 내리니 앉으라고 해서 양보를 받아들이곤 했지만, 너무 여러번 그렇게 대접을 받고 보니 그때야 하하 내가 늙었다고 경로당 대접을 하는구나 하고 느끼게 되었습니다. 형광등이지요. 그러나 감사하다는 마음보다 나의 늙음을 인식하는 서글픔이 더 컸습니다. 작년까지만 해도 사업을 한다고 쫓아 다녔는데 금년에는 완전히 사업을 단념하고 서울의 곳곳을 다녀 보았더니 너무나 많은 노인들이 하릴없이 공원과 고궁에서 소일하고 있음을 발견했습니다. 나도 이제는 이 노인 부류에 속하게 되었구나 생각하니 감회가 이상했읍니다.」

그렇게 말하는 K씨를 나는 다시 쳐다보았다. 양볼에 살이 쑥 빠지고 이마에 깊은 주름이 잡히고 흰머리가 본래의 머리 같은 누가 봐도 틀림없는 노인상이다. 그러나 그 분은 자기를 내면에서만 보고 있기 때문에 자신의 늙음을 인식하지 못하고 있는 것 같다.

나 역시 이러한 경험을 한 적이 있다. 내가 지금의 이 사진업을 시작한 것은 10년 전이었다. 그때만해도 손님은 나를 부르기를 「아저씨」라고 하였다. 2년전부터 갑자기 「할아버지」란 명사로 바뀌었다. 난생 처음으로 손님으로부터 할아버지라고 불리니 ─ 그는 물론 나를 대접한 존칭의 뜻인지도 모르나 ─ 서운하고 깊은 수렁에 떨어지는 것 같은 아찔함을 느꼈다.

그리고 가게를 지키고 있으면 손님이 들어와서는 「주인 안계십니까?」 또는 「아무도 안계십니까?」 한다. 완전히 나라는 존재는 무시한 투다. 「내가 주인인데요.」 하면, 저 늙은 사람이? 하고 의아한 표정을 짓고 쳐다보는 것이었다. 그러나 그러할 때도 나는 내 자신의 늙음에 대하여 스스로 늙었다는 감각이 없었으며 일상생활에도 아무런 변화를 느끼지 못했다.

그러나 나는 이러한 현상을 한편으론 5.16이후의 그릇된 기성세대에 대한 잘못된 풍조에서 오는 것이라고 자위를 하면서도, 역시 객관적으로 나에게 연륜을 느끼게 하는 서운함을 지울 수가 없었다.

그러한 어느 날, 나의 기분을 알기나 한 듯 C박사가 이런 이야기를 하였다.

혈액을 전공하는 어떤 교수가 영국의 국제회의에 참석해보니, 거기에 모인 교수들은 모두가 백발이 성성한 노교수들이었다는 것이다. 그 나이 많은 풍체에서 풍겨오는 유유자적한 품이 바로 일생을 한길에 쏟은 숭고함이 느껴져서 젊은 자기 존재가 얼마나 앳되고 왜소하게 느껴지는지 앉아있기가 민망하고 송구스러웠다는 것이다. 이 말을 들으니 노예술가(老藝術家)의 임무에 대하여 지휘자 플르트벤글러씨가 한 말이 생각났다.「물욕, 권세욕, 명예욕의 세속적인 욕구와 유혹에서 벗어나서 진정으로 나의 욕구에 충실하며 자기완성의 길에 오를 수 있는 고담(枯淡)한 경지가 바로 노예술가의 경지」라고.

역시 사람은 늙고 젊고가 문제가 아니라 자기가 지향하는 길에 얼마큼 충실하게 살아왔으며 또 살고 있느냐가 문제 아니겠는가. 결국 내가 이렇게 연륜을 따지면서 감상에 젖는 것은 내 삶에 대하여 허점이 생긴 것이 아닌가. 내가 나의 생에 성의를 다하고 있다면 저 동네어귀에 서서 넓은 그늘로 행인과 동네 사람에게 시원함을 베풀어주는 초연한 노목(老木)의 의젓함을 나도 견지할 수 있을 것이 아닌가.

이러한 생각은 좌절되는 나의 마음에 새 용기를 불어넣어 준다. 헛되지 않은 삶에는 뉘우침이 없다는 생각과 더불어 새벽 잠 못 이루는 고통을 독서와 사색으로 해소시키며 나를 정신적으로 살찌우고자 애썼다.

  그런데 이러한 나의 노력에 대하여 찬물을 끼얹는 사태가 발생하였다. 내가 평소에 자랑하고 있는 나의 건강을 병마가 앗아가고 만 것이다.

  오랫동안 열이 없다고 해서 방치해둔 감기가 현기증과 두통을 일으키더니, 결국은 불면증·고혈압·심장 협심증을 한꺼번에 가져오고 말았다. 머리는 테를 두른 듯 원형으로 조여들고, 때론 정수리를 무거운 돌로 짓누르는 듯 무거웠다. 책을 읽거나 TV를 보거나 남과 대화를 하면 현기증이 나서 앉아 배길 수가 없었다. 실내 온도가 조금만 올라가도 가슴이 답답하고 호흡이 곤란해져서 찬 공기를 찾아 뛰쳐나가곤 했다. 심장이 뛰어서 바로 누울 수가 없었다.

  이러한 증세는 아무와도 만날 수 없게 하였고 아무 일도 못하게 했다. 종일 이층방에서 멍하니 창밖을 내다보며 오가는 사람을 지켜보고 지냈다. 유일한 변화가 식사 시간과 약 먹는 시간이었다.

  이러한 고통 속에서 느낀 것은 인간은 성장과 쇠퇴의 과정에 있어서 다 같이 질병을 매개로 하고 있다는 것이었다. 아기들도 재롱이 늘 때는 꼭 감기나 배앓이를 한 차례씩 하게 되고, 노인도 노쇠 과정에 있어서 점진적인 경로를 취하는 것이 아니라 병을 통하여 그것을 매듭으로 단계적으로 늙어간다는 것이었다. 앓으면서 늙어간다는 철리(哲理)이다.

나는 고혈압의 진단을 받은 그 날부터 식사에 대하여 간섭을 받았다. 짠 것, 매운 것, 설탕과 조미료를 못 먹게 하였다. 뿐만 아니라 혈관의 침전물을 방지하고 산성 체질을 알카리성 체질로 변질시키기 위하여 내가 가장 좋아하던 커피를 비롯, 우유·동물성 기름·계란·닭고기·돼지고기 등을 못먹게 했다. 야채와 해조류, 식물성 기름만을 먹도록 했다. 이것은 식사가 아니었다. 맵고 짠 것에 익숙해진 우리들의 구미로서는 맛을 떨어낸 음식이란 참으로 생각할 수도 없는 일이었다. 그러나 건강 회복이란 일념으로 나는 이것을 참고 견디었다. 설마 한두해만 이런 고생을 하면 되겠지 하는 생각에.

　이러한 노력이 주효를 했는지 어느 정도 활동을 할 수 있게 되었다. 사람을 대할 수 도 있게 되었고, TV와 라디오도 약간은 보고 들을 수 있게 되었다. 그러나 책은 읽을 수가 없었다.

　그 다음 6월이었다. 저녁 식사를 들면서 라디오를 켰더니 서울음대의 이관옥 교수가 혈압으로 별세했다는 부음을 전하는 것이었다. 이교수와는 사돈벌이 되므로 그 이튿날 아침에 아내와 문상차 서울행 고속버스를 탔다. 머리 위에 설치된 에어콘 바람이 신경에 자극을 주었는지, 포항에서 경주까지의 무수한 커어브길이 내 신경을 건드렸는지 나는 차멀미와 더불어 혈압이 오르는 자각증을 느꼈다. 더 이상 차를 탈 수가 없어 인터체인지에서 내리고 말았다. 간신이 집에 들어와서 혈압을 재어 보았더니 220이었다.

나는 다시 병석에 눕게 되었다. 일년 반을 버티어 오던 나는 나를 좀 먹는 병마 앞에 또 무릎을 꿇고 말았다. 나의 세포는 완전히 죽음을 맞는 예비행사에 젖어 있다는 것을 알았다. 아무일도 마음 놓고 할 수 없다는 안타까움. 나의 신경은 극도로 과민해져서 코 끝만 밍밍해도 또 무슨 치명적인 병을 병발하지 않나 두려워하였고, 이빨만 약간 쑤셔도 치암이 아닌가 호들갑을 떨었다.

이러한 나에게 의사는 「선생님, 옛날과 같은 건강은 바라지 마십시오. 이제는 나이가 나이니 너무 초조하게 생각마시고 마음을 가라앉히시고 한 해를 기준삼아 그 해를 무사히 넘길 것을 생각하십시오. 그렇게 되면 한해 한해가 거듭되어 자연 삶을 연장하는 결과가 되지 않겠읍니까.」 이렇게 말하는 것이었다.

불과 2년 전까지만 해도 감기 한번 안 앓던 내가 왜 이렇게 되었을까. 좌절감에 사로잡힌 나는 자꾸만 나의 나이를 새삼 따져보기도 하고, 내 나이를 전후해서 세상을 떠난 사람들을 생각하게도 되었다. 신문이나 라디오에서 80년대 이후의 장기계획이 발표됨을 보고는 이것은 이미 내가 이 지상에 없는 시절의 일이라고 서글퍼했다.

그러던 어느 날, 나는 홀연 한가닥의 빛을 얻게 되었다. 새로운 삶에 대한 속삭임이었다.

인생에 있어서 어찌 밝고 명랑하고 행복한 생활만이 전부일 수 있느냐. 이러한 고통의 세계가 나의 생애에 있어 계산된 생활은 아니라 할지라도, 역시 주어진 피할 수 없는 세계인 것만은 틀림없는 것이 아닌가. 우주만물에는 다 상대성과 양면성이 있는데 이것도 양(陽)의 세계에 내포되었던 음(陰)의 세계가 표면으로 나타난 것이 아니겠는냐. 바로 양과 음의 세계가 대치된 것이 아닌가. 이날까지 나이를 먹는다는 것은 자기 성장과 발전만을 바라보는 희구의 세계였다. 그러나 늙음에서 바라보는 연령의 증가는 죽음을 의식하고 조락(凋落)의 겨울을 정시하고 오늘을 애타게 지키고 사는 고난의 삶이다. 풍요하고 발랄한 삶은 이미 지나가고, 나목(裸木)과 같이 모든 욕망을 상실 당하고 외롭고 고독하게 인생을 사는 새로운 세계가 찾아온 것이다.

다가오는 고난의 세계를 의식하면서 나는 과연 얼마나 생을 지속할 수 있을 것인가.

여생의 길이는?

이러한 생각은 D데이를 결행하는 절박은 느낌이긴 하나 그 누가 이 행로를 거절할 수 있을 것인가.

5년? 너무나 절박한 것 같다. 그러면 10년? 이것도 지나간 햇수에 비하면 너무나 짧다. 그러나 그 이상은 생각할 수 없다. 두 손의 열 손가락 수로 끝나는 숫자이긴 하나, 그러나 이것을 달수로 따지면 120개월, 다시 날수로 따지면 3,650일, 시간으로 따져 87,000시간, 엄청난 시간의 양이 나를 놀라게 한다. 이러한 숫자의 마술이 절박한 내마음에 그래도 새로운 기대와 소망을 걸 수 있는 희망과 여유를 안겨 준다.

이미 설정된 목적의 날짜를 향하여 걷는다는 것은 D데이를 앞둔「마이너스 카운터」를 세는 비정한 생활이다. 그렇긴 하지만 이 주어진 한정된 시간을 유효하게 활용하기 위하여는 이 기간을 이완(弛緩)과 낭비가 없는 밀도 높은 생활로 유도하는 길 밖에 또 무슨 방도가 있겠는가.

하루살이의 생애가 우리의 시간 관념에 비추어보면 단 하루라는 짧은 기간이다. 그러나 그들이 설정한 시간의 척도로 보면 일생이란 긴「라이프 사이클」이 내재하고 있지 않은가.

나의 이러한 상념의 전환은 답답하고 막막하던 나의 가슴을 열어준다. 고난의 철리라고 할까. 환난(患難)의 철리라고 할까. 인간은 주어진 시련과 괴로움에 시달려 지치고 허탈 상태에 놓여 지면 새로운 평온과 안정을 되찾는다고 한다. 나도 이런 경지일까. 아니면, 우리 인간에겐 본능적으로 그 어떠한 환경변화에 대하여도 이를 자극제로 받아들여 소화하고 활력소로 전환시키는 천부의 자질이 있는 것일까.

체험과 경험을 다 불허하는 이 죽음이라는 절대적 순간을 향하는「마이너스 카운터」를 세는 나의 행로가 계산착오로 갱신 될 것인지. 아니면 예측을 할 수 없는 돌발사건으로 중단될 것인지 이것은 미지수이다. 그러나 이러한 시간을 역산(逆産)하면서 여생을 걸어가는 길에는 자기생활을 충실하게 꾸려 나갈 수 있도록 촉구하는 힘과 실질적으로 자신의 삶을 연장시키는 효과가 있음을 나는 느낀다. 그와 더불어 이러한 삶의 자세는 내가 평소에 생각하고 있는 「진지한 삶만이 진지하게 죽음을 영접하는 자세」라는 그 신념과 곧 바로 결부되기도 한다.

〈 女性中央 78. 9 〉

2
靈感과 集中

蘭을 치는 두 마음

陶藝家와 지게

匠人의 造形 정신

文學과 나

靈感과 集中

진정한 취미

소박성의 회복

벽초 노인(闢初老人)

자기 완성의 길

讀書와 自己向上

'67東亞寫眞 콘테스트入選作 怒濤의 威脅을 뚫고

蘭을 치는 두 마음

〈한국미술 5천년〉의 책자를 넘기다 추사(秋史)의「불작란(不作蘭)」과 閔泳翊의「묵란도(墨蘭圖)」를 보고 생각에 잠긴다.

추사의 날카롭고 자유분방한 필치(筆致)의「불작란」과 단정하고 매끄러운 선으로 귀공자연한「묵란도」를 바라보고 있으면 거기에 내가 좋아하고 내가 늘 곁에 두고 감상하고 있는 옥화란(玉花蘭)과 철골소심(鐵骨素心)과 건란(建蘭)과 보세란(報歲蘭)을 한꺼번에 보는 느낌을 가지게 된다.

추사는 은은한 담묵색(淡墨色)으로 가늘고 꼬장꼬장한 선으로 마치 난초의 본질 그 자체에 육박하는 듯, 모든 군더더기를 제거하고 난의 정수 그 자체만을 표현하려는 듯 힘있게 선을 그어 나가고 있다.

추사는 난을 칠 때「기」자를 쓰는 기백으로 쳐나간다고 했는데, 이러한 필력(筆力)을 기본으로 한 그의 비범한 서도관(書道觀)을 여기에서 실천한 듯한 느낌이 든다. 그는「불작란」을 일곱 개의 주된 선(주선(主線))으로 삼각구도로 그렸다. 맨 첫줄은 직선에 가까운 선을 중간에서 꺾어서 꽃줄기를 그리고, 그 끝에 활짝 핀 한송이의 꽃을 왼쪽(左向)으로 그렸다. 꽃잎도 난잎과 같은 필력으로 그렸다. 다음 선은 가장 힘 있는 멋진 선으로 길게 중앙을 돌파하고 한폭의 5분의 4의 높이까지 올라가서 끝 언저리를 우편으로 휘어지게 했다. 이 중앙선에 겹쳐서 두 난잎이 층층으로 그려지고 그 끝은 유선(流線)으로 우향(右向)시켰다. 그 난잎 우편 아래의 공백은 단(段)을 이룬 짧은 난잎을 역시 이도 우편으로 휘어지게 흘려 그렸다.

  꽃과 꽃줄기만이 좌향이고 난잎은 모두 우향의 자세인데 참으로 완벽한 구도요 힘의 배치다.

  이 모든 선이 가냘프면서도 의연하고 강인하여 철골소심란의 의기를 느끼게 했고 그 쭉쭉 뻗어나간 모습은 건란과 보세란의 잎을 보는 느낌이었다. 화폭의 여백에는 저 고졸(古拙)하고 획(劃)에 있어 강약의 차이가 심한 추사체의 글씨가 꽉 메꾸어져 있고 낙관이 자그마치 열다섯개나 눌러져 있다.

  민영익의 묵란(墨蘭)은 추사의 난과는 완전히 그 취향을 달리했다. 검고 짙은, 먹내음이 풍겨오는 단정하고 균형을 이룬 선이 확실하고 뚜렷하게 매끄럽고 능란한 필치로 한 줄 한 줄 힘 있게 그어져 있다. 직선과 곡선이 다양하게 어울려있으나 화면이 질서 있게 정리되어 투명하고 청순하고 고귀한 품격이 풍겨 숭고한 감마저 일게 한다. 꽃은 식물의 꽃줄기같이 갈색으로 타원형을 그어 그 위쪽에 네 개의 꽃망울과 세 송이의 활짝핀 꽃을 보기 좋게 달았다. 우편 아래에도 짧은 꽃줄기를 그려 거기에 세 개의 꽃망울과 한 송이의 반개(半開)된 꽃을 그렸다.

이것은 내가 가장 좋아하는 일경구화(一莖九華)의 옥화란(玉花蘭) 바로 그것을 보는 느낌이었다. 그 화사하고 단정한 모습을 가장 아름답게 이상화(理想化)한 난이었다.

　추사나 민영익이나 다 그 일대기를 보면 순탄치 못하고 그들은 다 같이 중국에서 오랫동안 머물러 있으면서 서화를 공부했다는 것이다. 추사는 만년에 귀양살이를 했고, 민영익은 망명생활을 했다고 한다.

　추사의 난에는 그의 글씨와 같이 운명에 저항하는 반골정신을 느낀다. 칠전팔기의 기백이 아니라 불사신(不死身)의 거친 숨소리가 들리는 것 같다. 글씨와 난이 아니라 바로 마음의 하소연이요 개성의 표현이요 마음에 밀어닥치는 물결을 저지하려는 표현인 것이다.

　민영익의 묵란은 이와는 정반대이다. 운명과 현실에 대한 저항의식이 없다. 우리가 난을 말할 때, 그 잎이 좋고 꽃이 좋고 향기가 더욱 좋다고 한다. 그러므로 유곡(幽谷)의 군자(君子)라 하고 4군자의 난·매·국·죽(蘭梅菊竹)-우리나라에서는 매·난·국·죽(梅蘭菊竹)이라 하나, 중국과 일본은 난을 위에 올린다-의 우두머리에 올려놓는다. 그는 그의 개성과 운명에 대한 저항의식이란 추호도 없고 그저 그가 좋아하는 난의 삼절(三絶)을 마음껏 표현했다. 바로 희랍이 서기 이전에 인체(人體)를 이상화하듯 그는 난을 이상화 했다. 그는 묵향(墨香)이 넘쳐흐르는 그 아름답고 힘있는 선에서 우리가 난잎에서 소망하는 강하면서 부드럽고 연하고 생생한 생명력을 불어넣고 있다. 참으로 잎의 절묘한 미의 표현이다. 꽃은 삼각형으로 활짝 핀 꽃송이와 반쯤 핀 꽃송이, 그리고 망울을 그려서 꽃의 삼태(三態)를 아울러 표시하고, 꽃을 꽃줄기의 아래에 달아서 난꽃이 아래로부터 올라가며 꽃피우는 생리를 암시했다. 그리고 향기는 직접적인 표현을 할 수 없으므로 복수의 꽃-추사는 그의 난에 한 송이의 꽃밖엔 그려 넣지 않았다-으로써, 즉 꽃이 많다는 연상에서 난의 향기(香氣)를 즐기도록 했다. 말 밖[言外]의 침묵의 표현이다.

난을 칠 때 보통 세 단계로 나눈다. 먼저 그 모습[形態]을 보고 또 뼈[骨格]를 보고 기(氣)를 본다고 했다. 추사는 뼈와 기를 아울러 표현하고, 민영익은 모양[形]과 뼈[骨格]와 기를 아울러 표현했다.

여기에서 내가 가장 흥미를 느끼고 관심을 가진 것은 그 표현방법[樣式化]에 따른 그들의 조형정신(造型情神)이었다.

추사는 그가 지향하는 힘의 배출과 그의 불타는 정열의 성격[個性]의 표현을 강철같은 의지로 달성했다. 그러나 「불작란」에 있어서는 이것을 표현하는데 진한 먹빛과 굵은 선으로 직접적으로 힘을 과시하지 않고 연한 먹빛으로 가늘게 약간 떨리는 선으로 표현했다. 이것은 힘을 외계(外界)로 폭발시키지 않고 모든 힘을 붓 끝에 모아서 내재(內在)시킴으로 오는 현상이다. 그는 내면적이고 간접적인 힘의 발로로써 자기의 길을 창조하려 애썼다. 그러나 그의 힘은 지면(紙面)에 용솟음쳤고 그러한 노력이 그의 가슴에 불타고 있는 현실에 대한 울적함을 초극(超克)하려는 안간힘을 실감케 했다. 그의 불타는 정렬과 울적은 고졸(古拙)의 미를 성취함으로써 자기 세계를 구축했다.

이 개성적인 표현은 현대에 와서야 예술 가치를 가늠질하는 척도(尺度)로 예술비평사에 등장했다. 그러나 그는 이미 지난날에 이 경지를 독보적으로 달리고 있었으니 그의 조형 감각이 얼마나 시대를 앞지르고 있던가를 새삼 인식시켜 주는 것이다.

민영익의 난에서는 현실의 영화의 극(極)을 맛본 사람만이 이 영화의 덧없고 하잘 것 없는 허무를 느끼고 자연에 귀의(歸衣)하여 여기에서 새로운 삶을 발견한 구도자(求道者)의 기쁨이 담겨 있다. 더구나 난의 모습에서 자기의 마음을 느끼고 여기에 자신을 투영, 새로운 가치를 마련하고자 한 정열이 느껴진다.

같은 주제를 다룸에 있어서도 그들이 달성한 인간적 예술적 높이에 따라 기운생동(氣運生動)의 길에도 두 가지 길이 열려 있음을 뼈저리게 느끼게 하는 것이다.

그와 동시에 나는 저 앙드레·말로가 「양식(樣式)이란 세계를 발견하는 인간의 가치에 따라 세계를 재창조(再創造)하는 수단」이라는 말을 다시 한번 음미해 보았다.

〈詩文學 79. 9〉

陶藝家와 지게

1972년 이른 봄인 것같다. 전부터 알고 지내는 차신부(車神父)가 프랑스 청년 한 사람과 젊은 일본 여자 한 분을 데리고 우리 가게에 나타났다.

차신부는 빠리 외방전교회(外邦全校會)가 우리나라에 파견한 프랑스 신부인데, 안동(安東)천주교회의 본당 신부로 있다가 그 한 해전부터 S대학에서 우리나라 민속(民俗)을 연구하고 있었다. 가톨릭을 그 나라에 전교하고 토착화시키기 위하여는 그 나라의 종래의 신앙과 그 형태를 연구해야 한다는 교황청의 의결에 따라 우리 나라의 민속과 신앙에 대한 연구를 하게 된 것이다.

동해안에서 무당굿(별신제와 오기굿)이 있을 때 마다 우리집에 들러 필름도 사가고 사진에 대한 이야기도 하고 자기가 본 민속에 대한 이야기도 곧잘 하다 가곤 했다.

그날도 세 사람이 제각기 칼라 필름과 흑백 필름을 달라고 하기에 내어주면서 차 신부에게 어딜 가느냐고 물으니, 이곳 포항에서 백여리 떨어진 어느 작은 어촌에서 오기굿이 있어 가는 길인데, 마침 이분들이 일본에서 건너 왔기에 같이 가는 길이라고 했다. 나도 동행할 의사가 있어서 자리가 있으면 같이 데려가 주길 청했다. 차신부는 옆에 있는 프랑스 청년에게 몇 마디 하더니 좋다는 것이었다.

급히 카메라를 챙겨들고 나가보니 길 건너편에 조그마한 퍼브리카가 한대 서있었다. 차 신부가 프랑스 청년을 가리키며 저 친구가 관광비를 절약하느라고 이 헌 차를 사서 일본 명소(名所)를 구경하고 어저께 「페리호」에 실려 한국해협을 건너 여기까지 왔는데 앞으로의 한국 구경도 저 차로 할 예정이라고 하였다.

차를 타고 달리면서 보니 운전하는 프랑스 청년과 대화하는 일본여자의 프랑스 말이 너무나 유창하기에 차신부를 보고 이 사람들은 뭣을 하는 사람들이냐고 물어보았다. 그 친구는 프랑스의 같은 고향에 사는 고향 친군데 도예(陶藝)공부를 하러 일본에 와서 현재 교오또(京都)에 머물고 있으며, 거기서 저 일본 여자를 만나 그녀의 권고로 한국까지 오게 되었다고 하였다. 나는 다시 그녀를 보고 그의 유창한 프랑스 말을 칭찬하면서 어디에서 불어를 배웠기에 그렇게 능숙하냐고 실례되지 않게 물어보았다.

그녀는 도예공부를 하러 스위스에 4년간 가 있었는데 그곳의 상용어가 프랑스말이어서 자연 배우게 되었다고 했다.

그런데 이 프랑스 청년은 어떻게 이렇게 먼 곳을 혼자 오게 되었느냐고 물어보았다.

「해외에서는 일본 도자기가 유명하니까 일본으로 도예공부하러 오는 사람이 많아요. 그러나 도예에 있어서는 한국의 청자(靑磁), 백자(白磁)를 따를 수 있어요? 그래서 도예를 하려면 한국의 청자, 백자를 직접 보고 그 예술성에 접하는 것이 가장 빠른 길이 될 거라고 이 프랑스 청년을 설득해서 같이 오게 되었어요. 저도 지금 교오또의 은각사(銀閣寺)에서 도예를 하고 있어요.」

그러면서 그녀는 자기소개를 하는 것이었다. 상냥한 말씨와 친절한 설명에 호감이 갔다. 키는 작으나 아리따운 용모이고 나이는 30세 전후 같았다.

차는 한 시간 이상을 달려 목적지 가까이 이르렀다. 모두 아침 식사를 하지 않아서 시장하니 한식(韓食)을 먹어 보자고 했다. 큰 다리 너머에 있는 한 식당에 들어갔다.

차신부가 식사를 시키면서 회와 맛 좋은 김치를 특별히 좀 달라고 부탁했다. 밥상이 나오자 프랑스 도예가는 회와 김치를 호호 매운 소리를 내가면 맛난다고 하고, 일본여인은 따라 먹기는 하면서도 울상이었다.

프랑스 도예가는 차신부와 대화를 나누면서 이런 뜻의 이야기를 하였다. 외국에 가면 그 나라의 고유한 음식과 민속에 접하는 것이 그 민족의 감정과 정서를 이해하는데 도움이 된다고 하며, 이 두 가지는 남에게 자랑하고 돋보이고자 하는 꾸밈과 위장(僞裝)된 요소가 없이 순수하게 그 민족의 오랜 생활의 전통에서 자연적으로 형성되었기 때문이라고 했다. 그

뿐 아니라 자기에게 없는 새로움을 발견하는 계기를 마련할 수 있다고도 했다.

드디어 복적지인 동네(창포리)에 도착하여 동네 사람에게 굿 하는 집을 물어 찾아갔다. 동네사람들과 아이들이 낯선 우리를 보고 모여들었다. 마당에는 여러 사람이 원색 종이로 연꽃과 배 등을 만들고 있었고, 방에는 서너명의 무당이 화장을 하고 있었다. 그들과 같이 있던 남자 무당이 마당에 들어서는 차신부를 알아보고 반가이 맞았다.

프랑스 도예가가 마당에 세워둔 지게를 보고 뭣하는 것이냐고 묻기에 농촌에서 가벼운 짐을 나르는 지게라고 했더니, 가까이 가서 지게 고리에 양팔을 끼고 일어서서 마당을 왔다 갔다 거닐어 보는 것이었다. 마당에서 일하던 사람들이 이것을 보고 일제히 까르르 웃었다.

나는 자기 나라에선 보지 못한 물건이니까 신기해서 장난삼아 그래보는 걸로 알았다. 그런데 이건 값이 얼마냐, 자기에게 팔 수 없느냐고 꼬치꼬치 묻는 것이었다. 동네사람들이 이것은 장날 시장에 가면 팔러 나오는데 2~3천원이면 살 수 있다고 하면서 쓰던 것을 어떻게 파느냐고 했다. 그러자 그는 차신부를 보고 뭐라고 진지하게 간청을 하는 눈치였다. 나는 지게를 뭣에 쓰려고 그러느냐고 물었다.

도예는 석탄이나 기름으로 굽는 것이 아니라 옛날부터 땔 나무〔火木〕로 굽고 있다. 그런데 교오또에는 도예용 땔감이 많기는 하지만, 멀고 산이 험해서 나무를 잘라서 그릇 굽는데 (窯地)까지 운반해 올 수가 없다. 그래서 겨우 나무를 묶어서 등에 지고 산을 내려오는데 이것이 여간 고역이 아니라고 한다. 그러나 일본에는 여기에 쓸 알맞은 도구가 없다. 그래서 지게를 보니 도예용 땔나무를 나르는데 적격이 아닐까 생각하게 된 것이라 한다. 장날 시장에 가면 살 수 있겠지만 오늘 처음 한국 땅에 내렸는데 어디에 장이 서는지, 장날이 언제인지도 알 수 없기에 본 김에 가져가고 싶으니 팔게 해 달라고 부탁하는 것이었다.

자기의 예술을 펴 보고 싶은 집념에서 일본으로 한국으로 뛰어 온 그의 눈에 농촌의 자그마한 도구일지라도 그것에 관련된 것을 무심히 보아 넘길 수 없는 것이 당연한 일이라 긍정이 갔다.

지게는 차 신부 부탁으로 그의 퍼브리카 뒷켠의 짐칸에 실리게 되었다. 그 때의 흐뭇하고 대견한 그의 표정을 보니 일순 그 지게에 나무를 가득 짊어지고 긴 다리를 휘청거리면서도 조심성 있게 한발 한발 내디디면서 자기 요지(窯地)를 향하여 산을 내려오고 있는 그의 모습이 선하게 보이는 것 같았다.

〈 新東亞 76. 11 〉

匠人의 造形情神

내가 우리 불교 장인(丈人)의 조형정신에 접한 것은 1973년 국립박물관에서 열린 한국미술2천년전(展)에서 금동미륵보살반가사유상(半跏思惟像)을 본 때였다.

우리의 불상(佛象)들에서 공통적으로 볼 수 있는 여성적인 몸매에, 둥글고 복스런 얼굴에 세속적인 번뇌를 해탈하고 명상 속에서 얻은 깨달음의 법열(法悅)로 피어오르는 미소가 나의 발걸음을 멈추게 했다. 문득 나의 머리에는 로댕의 〈생각하는 사람〉이 떠올랐다. 인간의 모든 번뇌를 한 몸에 짊어진 듯한 무거운 생각에 잠겨 있는 로댕의 작품과는 너무나 대조적이다. 바로 로댕의 그 작품 세계를 뛰어넘어 승화된 모습이 바로 이 사유상이 아니겠느냐 생각했다.

그리고 상체(上體)의 훌훌 벗은 흐르는 듯한 매끈한 알몸의 청순한 포옴과 대좌(臺座) 위에 편자친 다리와 쳐뜨린 왼편다리가 기억자모양으로 무게를 받치고 그 오른편 공간을 옷주름으로, 기단(基壇)은 연꽃무늬[蓮花紋]로 장식했는데 이러한 단순함과 다양함을 한 면에 처리한 조형감각[구도]에 또 한 번 놀랐다.

이것은 내가 이조시대의 남자 의상(衣裳)이 흰색과 옥색의 단순한 색깔에다 갓·허리띠·대님·신발 등으로 장식하는 것이라든지, 또 불국사 뜰에 건립한 다보탑과 무영탑의 배치를 보고 그 단순함과 다양함을 동시에 처리함에 착안하여 나의 사진구도에 이용하고 있었는데, 신라시대의 불상에서 이것을 다시 보리라곤 전혀 뜻하지 않았던 것이다.

이것이 계기가 되어 이날까지 불상하면 똑같은 모습으로 알고 있던 나에게 새로운 눈으로 불상을 관찰케 했고, 나아가서는 우리의 전통예술에까지 눈을 번지게 했다. 그러다 우연히 전에 구입해두고는 잊고 있었던 김원룡(金元龍) 박사의 〈한국미술 소사(小史)〉를 책꽂이에서 발견하고 그것을 읽었다. 거기에 저 반가상(半跏像)이 6세기 후반기의 백제양식(百濟樣式)을 따른 조각으로 보인다는 것과 보일 듯 말듯한 불상의 미소를 이미 학계에서는 「백제의 미소」라는 말로 부르고 있으며, 이 불상은 완전히 한국적인 양식을 완성하였다고 기록되어 있었다. 그리고 황룡사(皇龍寺)에서 출토했다는 보살 머리상이 함께 실려 있었는데, 그것이 너무나 사실적이고 또 개성적이며 비불상적(非佛像的)이어서 실재(實在)의 소녀를 모델로 한 것이 아닌가 하는 느낌을 준다고 설명되어 있었다.

나는 다시 한번 놀랐다.

동서(東西)의 종교 예술에 있어 사실적인 면모가 나타난다는 것은 없는 일이다. 더구나 그것이 다같이 절대성(絶對性)과 영원성을 표시하기 위하여 제 나름대로 이에 알맞은 포옴을 찾고 있었기 때문에 사실적(事實的)인 인간상이란 관심 밖의 일이었다.

　기독교의 종교 예술을 보더라도 로마 예술에서 비잔틴예술로 넘어와서 「이콘」이라고 부르는 눈을 크게 뜬 경직(硬直)한 모자이크상(像)이 인간의 형상을 나타내기는 하였으나 이것은 인간성을 거세한 형태이다. 이것은 기독교에 있어 초인적(超人的)인 존재의 위대성을 표현하기 위하여서는 인간의 모습을 빌리되 인간성(人間性)을 내포하지 않은 비인간성(非人間性)의 표현이 요망되었기 때문이다. 이것을 가리켜 표상(表象)할 수 없는 것을 표상해야 하기 때문에 이런 길을 걷게 된다고 한다. 이 비잔틴 예술은 「스텐드·그라스」의 예술을 낳고 이슬람에서 추상성 및 환상성(幻想性)을 획득하게 하고 르네상스시대까지 계속된다. 이것이 르네상스에 와서 성모(聖母)에서 미소를 발견하게 되어 레오날드·다빈치가 신비의 여성상을 마련했을 때, 이 경직된 비인간상은 소멸되고 비로소 예술에 인간성이 회복된다. 십자가의 예수 얼굴이 농민의 상으로 표현된 것도 20세기에 들어와서이다.

　불교예술만 하더라도 불타가 중생에게 인생을 밝히는 설교상(說教相)을 통한 성자(聖者)의 모습을 표현하기 위하여 정밀(靜謐)·숭고(崇高)·해탈(解脫) 그리고 명상(瞑想)의 포옴을 형성하기 까지 인도·중국·태평양연안의 많은 불교 장인(匠人)들이 여기에 참가하였다. 그들이 이룩한 성과는 비성욕화(非性欲化)

한 관능성의 발견이고 해탈한 인간상에서 신(神)의 모습을 성취했다.

이 불상을 처음 만들 때는 아폴로를 묘사했다고 한다. 우리가 아는 「간다라」의 불상은 머리에 상투를 얹고 양미간에 백호(白毫)를 박아 예지를 표상했다. 그러나 희랍 조각이 내포하고 있는 자유상과 정욕감이 불교 정신에는 어울리지 않아서 이를 탈피하고자 노력한 것이 먼저 동감(動感)을 빼내고 부동정지(不動靜止)의 자세(포옴)를 얻게 되었다. 그리고 보니 그 자세에 아폴로적인 얼굴이 또 어울리지 않아서 여기에 알맞은 얼굴 모습을 찾은 것이 명상하는 모습과 고졸미소(古拙微笑)이다. 이러한 불교 미술은 불교의 전파에 따라 그 나라의 자연과 민족성, 그리고 전통에 의하여 변모를 가져왔으나 사실적인 불상은 나타나지 않았다. 우리나라도 불교가 처음 들어왔을 때는 유교의 영향 아래 제작된 중국 불상의 영향을 받았다.

그러나 신라·백제시대, 우리 장인들은 불상을 조각함에 있어 성자화(聖者化)의 근본정신은 따르면서도 부란「면(面)」의 형성에 있어서는 이국적인 정서를 따르지 않고 전통적인 한국인의 모습을 마련했다. 그것도 어느 나라에서도 볼 수 없는 사실적인 양식으로.

나는 그 우리 시골처녀의 면모가 풍기는 보살상을 보았을 때 직감적으로 이조의 백자를 연상했다. 그 소박하고 청순하고 수줍은 복스런 얼굴-이는 꾸밈새 없는 맑은 선비가 시흥(詩

興)에 취한듯 흥얼거리는 느낌을 주는 저 백자의 미와 멋에 맥을 통하는 조형 정신이었다. 그러면서 나는 내 나름대로 우리나라 불상에 우리의 전통적인 얼굴 모습이 나타나게 된 그 이유를 헤아려 보았다. 우리는 풍요한 자연의 혜택을 받고 있는 농경문화의 민족이다. 그러므로 우리가 우리의 소원 성취를 위하여 기원할 매체(媒體)를 마련하는데 있어 따로이 별다른 신을 창조할 필요가 없었을 것이다. 이러한 자연환경과 생활은 내 마음 속에 깃든 내 생활을 통한 영상이 바로 나의 동경의 대상이 되고 또 존경의 대상이 되지 않았을까.

그러므로 우리는 격식을 갖추는 실용적인 가치 마련에 있어서도 그 양식에 맹종하지 않고 자유로이 자기 마음 속에 내재하고 있는 영상과 미를 표상하는데 더욱 의의를 느꼈을 것이 아니겠는가. 우리의 이러한 민족적인 미적 활동은 바로 오늘의 멋의 창조에 통하는 길인데, 이러한 미감(美感)의 표현이 우리로 하여금 독자적인 양식을 스스로 창조하는 능력의 길을 트게 한 것이 아닐까.

서구의 세계가 예술의 질을 양식화(樣式化)하는데 두고 있음에 대해 우리는 양식을 염두에 두지 않고 자기의 아집(我執)에 몰두하는 예술 활동이 결과적으로 우리의 양식을 창조하는 또 하나의 길을 가고 있는 것이 아닐까.

〈78. 9〉

文學과 나
- 文學靑年으로의 回歸

6·25동란의 피난살이 2개월에서 돌아오니 내가 가장 소중히 여기던 바이얼린과 레코드, 책, 그리고 생활의 근거였던 등사 도구가 없어지고 말았다.

바이얼린은 집사람이 벽장에 넣어두고 못질을 했다는데 뜯기어져 있었고, 레코드와 책은 가져가고 남은 것이 집안 가득히 흩어져, 폭격으로 인하여 구멍이 난 지붕과 벽에서 비바람이 들어와 못 쓰게 되어 있었다.

바이얼린은 내가 대구 자유시장에 물건하러 갔다가 악기점에서 발견하고 너무나 탐이 나서, 가졌던 시재를 다 털어주고 산 프랑스제였다. 그리고 레코드는 일제 강점기부터 오랜 세월에 걸쳐 한장 한장 엄선해서 모은 정든 명반(名盤)들이었다.

아무리 아쉬우나 집과 재산을 송두리째 불태운 사람들의 곤경을 생각함으로써 내 마음을 달래며 집 주위에 흩어져 있는 함석을 주워 모아 지붕에 못질을 하고 벽도 막아서 겨우 집이라고 들어앉았다. 한 때는 생계도 막연하였으나 아는 분이 등사판을 한 대 구해다 주어 그걸로 끼니를 잇게 되었다.

그러자 우리집 앞에 있는 옛 버스정류소에 부산 버스회사가 이것을 빌어오게 되어 부산-포항간 선로를 개설하고 우리집에 와서 매표소를 맡아달라는 것이었다. 처음에는 너무 갑작스런 제의라 경험이 없다는 이유로 거절을 했으나. 또 피난 갈 일이 일어나면 차편을 이용할 수 있다는 희망에서 맡기로 하였다. 차편이 생기니 맨먼저 생각난 것이 바이얼린이었다. 급히 부산 광복동에 나가 그 일대를 뒤져 보았으나 허탕이었다.

매표소를 맡은지 일년이 지나 나는 우리집을 개조하여 다방을 차렸다. 음악을 좋아하는 나의 취미를 살려볼까 해서였다. 다방을 시작했더니 시간의 여유도 생기고 해서 이웃에 있는 DP점을 찾아 놀러가게 되었다. 그 집 주인은 서울서 대학 다니다 동란으로 집에 돌아와 미군 상대로 DP업을 하고 있었다.

그 집에 다닌 것이 계기가 되어 카메라를 한 대 구하게 되었다. 모든 나자신의 생활 도구를 잃고 그저 허전하기만 하던 나에게 이 카메라는 바이올린을 대신하는 역할을 해주었다. 그때 나이 마흔 둘이었다.

이렇게 카메라를 쥐게 된 나의 생활은 급변했다. 사단(寫壇)에도 진출하게 되었고, 사진의 독자적인 길을 찾으려는 나의 노력에 따라 지상에 글도 발표하게 되었다.

나는 6·25동란까지는 음악을 좋아하는 한낱 문학청년이었다. 어렸을 때는 어린이 잡지를 애독했고, 사춘기 무렵엔 해외문학 서적을 탐독했었다. 20대에는 일본 문예지에 〈餓鬼道〉로 당선된 장 모씨를 중심으로 서어클을 갖고 대구 약전골목 어귀에서 매달 한번씩 각자가 가지고 온 원고를 낭독하고 비판하였다. 나는 그 때 소설을 쓴 것 같다.

이러한 경력이 나를 지방 신문기자 생활을 할 수 있게 했고 해방이 되어서는 지방의 문화협회를 조직하고 활동하게 하는 밑천이 되었다.

우리 고장에는 6·25동란을 전후해서 수필가 한흑구씨가 서울에서 내려와 교편을 잡고 있었고, 시인 박경용군이 젊은 나이로 문단에 진출해 있었다.

한흑구씨는 너무나 술을 좋아했고, 거나하게 술기운이 오르면 밤새는 줄 모르고 이야기의 꽃을 피웠다.

박경용 군은 서울에서 가끔 내려오면 우리집 뒷방에 나와 마주 앉아 지방문화의 침체를 신랄하게 평하고 발표된 자기 시와 시조를 읊고 노트에 초해 놓은 원고를 낭독하며 새로운 시와 현대시조에 대하여 설명해 주는 것이었다. 그리고 내가 쓴 조형예술과 사진에 대한 글도 읽고 문맥도 바로 잡아주곤 했다.

그 후 동화로 문단에 데뷔한 손춘익, 등산가이며 스라이트 럼본을 불던 오랜 나의 지기인 심당(心堂), 영덕교육청에서 포항에 나온 동시인 김녹촌, 그리고 한흑구씨와 나 이렇게 다섯 사람이 자주 어울리게 되어 〈흐름회〉라는 것을 조직하게 되었다. 본래 문학을 지향한 서어클은 아니었으나 다섯명 회원 중 세 사람이 문학가이니 자연 문학 서어클로 인정 받게 되었다.

앞에서도 말한 바와 같이 한흑구씨는 언제나 술에 대한 찬미와 저명 문인들과의 교우, 안익태씨와의 교분, 문단 가십, 영시 낭독 등 다양한 이야기로 좌중의 주인공 노릇을 했다. 그리고 말끝마다 「속물이야 속물……」하는 녹촌의 패기, 소주 몇 잔만 들이키면 백년설이가 좋다며 젓가락 장단으로 노래를 뽑는 손춘익, 곧잘 나의 농담의 대상이 되어주면서, 「에이 여보소」를 연발하며 킥킥 하고 웃는 심당, 우리는 시골 사는 허전함을 대포집에 둘러앉아 이렇게 달랬다.

흐름회 주최로 매년 글짓기 대회를 열면서 「문학의 밤도 아울러 가졌다. 여기에 다녀간 분이 이원수(李元壽), 황순원(黃順元), 서정주(徐廷柱), 박경용(朴敬用), 김성도(金聖道), 이재철(李在徹), 이주홍(李周洪), 신동집(申瞳集)씨 등이다.」 대구의 〈수필문학동인〉들도 우리들과 자주 좌석을 같이 했다.

이러한 문학적인 분위기는 사진하는 나에게 자극제의 역할을 해주었다. 그러나 그때까지도 나는 문학적인 글을 쓰지 않았다. 그 당시 나는 현대는 읽는 시대가 아니라 보는 시대라고 생각하고 있었으며, 문학은 좋기는 하지만 언어장벽 때문에 국제적인 전달력이 약하고 조형예술과 사진과 음악은 누구나 이해할 수 있는 세계 공통 언어라는 생각을 갖고 있었다.

허버트 리이트, 앙드레 말로, 발레리 등을 통하여, 또한 「바우하우스」운동의 이해를 통하여 현대조형예술에 대한 독자성과 가치판단, 그리고 철학적인 의의를 인식하고, 미술사와 음악사를 통하여 예술은 예술이기 위하여 먼저 변화해야 한다는 명제를 이해함에 따라 나의 시야는 어느덧 우리의 전통예술로 옮겨 와서 이 분야의 탐구에 몰두한 탓에 다른 방면에는 눈길을 돌릴 여유가 없었다.

이러한 광범위한 섭렵은 여지껏 새로운 작품 제작만을 추구하는데 여념이 없던 나에게 스스로 내 작품 세계를 되돌아보는 여유와 자체 비판력을 가져다주었다.

주제와 부제, 그리고 비례와 대조 조화, 여기에 곁들인 적절한 명암의 배치, 이것은 바로 나의 작품을 형성하는 기본 요소였다. 이것은 보고 느끼는 심상(心象)세계가 아니라 의미를 추구·형성하는 허구〔픽션〕의 세계, 즉 의미와 줄거리를 말하는 문학적 경향의 작품 세계다.

나는 의식적으로 이미지의 세계를 추구하고 있었는데, 결과는 중세기의 회화에서 보는 허구와 문학작품에서 오는 이데아를 표현하는 문학성에 젖어 있었다는 것을 발견하게 되었다.

이것은 나의 감수성이 어떤 자극에 부딪혔을 때 심상적 모티브보다는 어렸을 때부터 문학에 의하여 길들여진 감수성이 설화적이고 의미를 나타내는 모티브에 대하여 민감하게 반응한 결과가 아니었을까.

그런데 지난 76년 겨울, 오랜 감기를 방치해 두었더니 이것이 악화되어 심한 두통과 현기증을 불러 왔다. 병원에 갔더니 혈압이 높다는 것이었다. 치료를 받았으나 별 효험도 없어 2월에 들어서는 불면증까지 곁들이게 되었다.

언제 잠들 수 있을지 예측할 수 없으므로 나는 저녁만 되면 일찌감치 잠자리에 들었다. 열두시까지는 그럭저럭 지낼수가 있으나 통금시간이 지나 차소리마저 끊어지고 사방이 죽은 듯 고요해지면 그 때부터 나의 고통은 시작되는 것이었다. 옆에 자는 집사람의 숨소리마저 신경에 걸리고「남은 이렇게 잠들지 못해서 안달을 하는데 저렇게 무심할 수 있을까」하고 미워지기도 했다.

어느 날 밤, 똑딱이는 시계소리마저 신경에 걸려 괴로워 하다가 문득「그렇다. 저 시계는 우리집에 온지가 이십년이 넘는데도 쉬는 일이 없이 저렇게 똑딱거리고만 있다. 그런데 인간인 내가 며칠 잠을 못 잔다고 해서 소란을 피운다는 것은 너무나 약한 노릇이 아닌가. 세 시간만 참으면 아침이 올텐데…… 그렇다. 일분은 육십초, 한 시간은 육십분, 육육이 삼십 육, 삼천육백번만 세면 한 시간이 가는데, 그까짓 걸 못해? 나도 한번 해보자」는 생각이 들었다.

그래서 시계 소리에 맞추어 하나 둘 세어 나갔다. 백 단위까지는 그럭저럭 따라 셀 수가 있었으나, 천이 넘으니 지겨워서 셀 수가 없었다. 4백 열하나 4백 열둘…… 이렇게 또박또박 세자니 오히려 번거롭고 신경이 쓰여 나는 세는 것을 멈추고 심호흡을 하였다. 머리가 터질 것만 같았다. 그 때 문득 나에게

던져지는 의문이 있었다. 이러한 인간 고뇌의 심층은 무엇으로 표현할 수 있을 것인가. 습관적으로 사진과 조형예술이 머리에 떠올랐으나 이내 부정되었다. 문학, 그렇다. 얼마든지 자상할 수 있고, 시공을 넘어서 표현 할 수 있는 문학만이 이러한 상황을 적절히 표현 할 수 있을 것이다.

나는 급히 일어나 노트를 끄집어내어 스텐드 불을 켜고 불면증을 극복하려는 나의 안간힘을 메모했다. 처음으로 글을 쓰고 싶은 강렬한 충동을 느낀 것이다. 마음의 밑바닥에 밀쳐져 잠자고 있던 문학의식이 그 밤중에 살아나 눈을 떴다고 할까.

지난 77년 6월, 나는 그 안날 국립극장에서 베풀어진 이관옥(李觀玉)교수 일주기 추모 음악회에 참석하였다가, 귀향 때의 차편을 생각해서 가까운 동쪽에 여관을 잡았다.

이른 아침 카메라를 들고 산책길에 나섰다. 서울거리는 오랜만에 올라온 나에게 너무나 위압적이고 생소하였다. 그래서 옛날부터 잘 아는 남대문시장 쪽으로 발길을 옮겼다. 거리는 파헤쳐져 보행이 곤란하였다.

남대문시장 입구에 닿으니 넓은 광장이었던 옛 모습은 찾아 볼 길 없고 비둘기 집같은 상점들만 빽빽하게 줄지어 늘어서 있었다. 아직 이른 아침이라 태반 덧문이 닫혀 있었다. 경사진 오르막길을 따라서 비닐천에 산 생화꾸러미가 일렬로 나란히 서 있었다. 샛노란 여름 국화와 새빨간 장미꽃이 인상적이어서 셔터를 두어번 눌렀다.

「남대문 시장도 내가 아는 완전히 변했군!」 약간 실의에 찬 혼잣말을 하면서 걸어 나오니, 참으로 옛모습 그대로의 남대문이 저 멀리 좌정하고 있었다. 서울 와서 처음으로 이방인 속에서 친지를 만난듯한 벅찬 감회였다. 그 주위에는 여전히 위압적인 건물들이 둘러서 있으나 확 뚫린 역을 향하여 초연히 앉아 있는 그 모습은 일가(一家)를 이룬 노대가(老大家)처럼 내 눈에 비쳐 왔다. 나는 생각했다.

「남대문시장에서는 사진을 찍었지만, 이 옛과 현재가 교차되어 느껴오고, 소외된 이방인의 절망 속에서 그리운 옛정을 되찾은 이 반가운 감회는 무엇으로 표현해야 할 것인가. 이것은 현실 복사로도 순간 정착으로도 이루어질 소재가 아니다. 아무래도 문학의 범주일 밖엔 없다.」

이런 생각이 떠오름과 동시에 나는 나를, 놀라는 마음으로 되돌아 보았다. 오늘날까지의 습관과 체질화 한 나의 사고방식이 아니었기 때문이다.

여태까지 시각적이고 조형적인 것에만 나의 신경과 감수성이 흥미를 가지고 예리하게 작동했을 뿐, 심리적인 감정의 변화에는 무관심해 왔던 나였기 때문이다. 이러한 변화는 확실히 나의 작품을 되돌아 보고 평가한 뒤 불면증에 시달리던 그 때부터 가졌던 현상인 것 같다.

더구나 초연하고 의젓이 변함없는 자세로 이방인 속에 둘러싸여 있으면서도 아무런 구김살 없이 전통의 자아를 고집하고 있는 남대문을 바라보고 섰는 내 마음에는 완전히 문학적인 관찰과 정서와 사고방식이 되살아나, 저 아득한 옛날 결별했던 문학청년의 체질이 나를 사로잡고 있음을 느꼈다.

   칠순을 바라보는 이 나이에, 제2의 문학청년으로 회귀하는 내 마음의 변화를 나는 현실적인 남대문과 아울러 육안과 심안(心眼)으로 동시에 지켜보고 있었다.

〈 詩文學 80. 6 〉

靈感과 集中

나는 음악 듣기를 좋아한다. 그 순수 음으로만 구성된 멜로디·리듬·하머니, 그리고 다양한 그 음색이 언어 이상으로 이야기를 속삭이며 감동을 준다. 또 예술에 뜻을 둔 사람이면 누구나 소망하는 천재의 입김을 거기에서 느끼게 된다.

내가 인생의 후반기에서 조형예술에 대한 취미가 깊어짐과 더불어 모든 예술의 창조의 근원은 포엠에 있고, 이 포엠이 작가의 표현능력에 따라 시·그림·음악으로 갈라진다는 예술의 공통성과 독자성을 이해하게 되었다.

이러한 인식은 예술 전반에 대하여 친밀감을 느끼게 한다. 그리고 예술에 젖어 있으면 투영된 내 모습을 보는 것 같은 기쁨을 맛보게 되고, 예술창조의 신비는 신의 능력을 유감(類感)케 하는 경지를 마련해 준다.

이러한 예술에 대한 나의 안목은 새삼 천재란 무엇인가, 예술이란 무엇인가, 우리를 즐겁게 하고 황홀경에 젖게 하는 미(美)란 무엇인가, 이런 의문에 부딪히게 한다. 여기에 대하여 미학자, 예술가, 평론가들은 그들의 저서에서 이렇게 말하고 있었다.

천재란 창조적인 상상력을 가진 사람, 미를 창조할 수 있는 능력을 가진 사람이라 했다. 그리고 미란 질서요 조화요 균제(均齊)요 절도(節度)라 했다. 예술은 바로 생명이요 살아있는 형식이라 하고 현실의 전위(轉位), 현실 및 현실의 양식화(樣式化)라고 했다.

그리고 이러한 탐구의 과정에서 알게 된 것은 그들이 예술가에게 대하여 천재라는 명사를 붙이기를 얼마나 아끼고 인색해 하는가 이다.

우리가 각 분야의 예술사를 펼쳐 보면 무수한 작가의 이름이 나열되어 있음을 본다. 그러나 그들이 말하는 천재, 즉「창조의 자연 발생적인 눈뜨임을 받은 사람」으로 지적된 작가는 몇 사람 되지 않는다.

유이스만은 그의 〈미학〉에서 천재가 발견됐던 나이는 「모짜르트가 2세, 하이든이 4세, 멘델스존이 5세, 라파엘이 6세, 지오토와 반다이크가 10세, 슈베르트와 헨델과 웨버가 12세」라고 했다.

그리고 라이프텐트리트는 그의 〈쇼팽전〉에서 쇼팽과 같은 동렬의 천재는 모차르트와 슈베르트, 젊은 시절의 멘델스존 정도라고 했다.

이러한 천재들과 그 수준급에 있는 작가들의 창작 과정을 살펴볼 때 거기엔 일종의 공통점을 발견할 수가 있다.

그들이 어렸을 때는 그 상(想)이 어디서 오는지 수월하게 창작할 수 있으나 자라서 소위 이성이 그들의 재능을 지배하게 될 때부터는 창작의 산고(産苦)를 겪게 된다는 것이다.

이러한 현상에 대해 발레리는 그의 〈다빈치론〉에서「지금에 와서 다빈치를 바라보면 사적(史的)인 면에서 빛나고 있으니까 참으로 축복 받은 천재로 생각하기 쉽지만 그 역시 창작에 있어서는 우리와 같은 약한 인간이라, 자기의 독자성과 새로움을 찾아 자기를 뛰어넘고 자기의 세계를 갱신하기 위하여는 심각한 고통에 빠지지 않을 수가 없었다」고 했다.

그리고 쇼팽이 작품을 제작할 때의 괴로움을 한때 그와 더불어 살았던 여류 소설가 조르드 상드는 이렇게 썼다.

「그의 창작은 자연스럽고 경탄할만한 것이었다. 그는 자신이 구하지도 않았거나 미리 생각하지도 않았던 사실을 발견한다. 피아노를 대하고 있을 때 그는 갑자기 퍽 숭고한 착상을 얻기도 하고 산책도중에서도 악상이 불시에 떠오르면 곧 돌아와서 피아노를 쳐 본다. 그러나 그 뒤에는 내가 언제나 본 고민에 찬 일이 시작되는 것이다. 테마에 일정한 디테일을 확보 하는데 초조하고 그것이 잘 되지 않으면 종일 자신의 방에 박혀 이리저리 뛰어다니다가 펜을 내어던지기도 한다」

이 글을 읽을 때 나는 저 로댕이 조각한 〈발자크의 상〉이 머리에 떠올랐다. 잠옷을 몸에 휘감고 흥분한 자세로 거닐고 있는 듯한 포즈의 모습을.

이것은 로댕이 체험한 창작의 고뇌를 발자크상을 빌어 표현한 것이 아닌가 생각된다. 이러한 창작 과정에서 겪는 괴로움,

자기의 의도대로 일이 진척되지 않음으로써 얻는 이 괴로움의 진상은 무엇인가.

그것은 한말로 작가이면 누구나 체험하는 인스피레이션, 즉 각적인 직감이라고도 하고 영감이라고도 하는 정신 작용의 둔화·해이의 현상이 아니겠는가.

그가 아무리 어렸을 때 신동의 소리를 들었다 하더라도 그의 정신활동에 있어 이 영감이 후퇴되고 작동을 멈추었을 때, 그의 착상을 계속해서 튕겨 주지 못하기 때문에 이 괴로움에 빠지는 것이 아닐까.

그래서 베토벤도 산책할 때는 꼭 노트를 지녔고, 다른 예술가들도 이 영감의 혜택을 놓치지 않기 위하여 노트와 스케치북을 잊지 않는 것이 아닌가.

물론 이 영감이 왔다 해도 이것이 곧 작품으로 형성되지는 않는다. 그 뒤에는 이 영감을 다시 선택하고 기각하고 결합하는 제2의 과정이 남아있으니까.

그래서 발레리는「신은 자애롭게도 무료로 우리에게 한 시의 첫 구절을 계시해 준다. 그러나 제2귀절을 짓는 것은 우리들의 책임이다」고 했다.

나에게도 이러한 조그만 경험이 있다. 톨스토이에 대하여 수필을 쓰려고 구상하던 때다. 그가 만년에 토지를 농노(農奴)들에게 분배해 줄 때 그의 부인이 가족의 생계를 위하여 토지를 남겨 줄 것을 간청했으나 그는 이것을 들어주지 않았다.

인도주의자이고 크리스천인 그가 왜 이렇게 가혹한 처사를 했을까. 이 의문 때문에 나는 글을 써내려갈 수가 없었다. 그러던 어느 날 새벽, 번쩍 잠이 깨면서 동시에 섬광처럼 스치고 지나가는 생각이 있었다. 그는 성경의 말씀을 몸소 실천한 것이 아닌가. 즉「마음이 가난한 자는 진복자로다. 공중의 새는 씨를 뿌리거나 거두거나 모아들이지 않아도 하나님이 먹여주신다」는 그 말씀을.

　결국은 이러한 창작에 나타난 괴로움을 볼 때 천재란 바로 영감의 지속적인 발현이 아니겠는가 하는 생각이 들었다.

　그러면 이러한 영감은 어떠한 상태에서 올 수 있을까. 나의 이 의문에 대하여는 내가 생각을 가다듬을 것 없이 지나간 그 옛날 뉴튼이 이렇게 말하고 있었다. 누가 그를 보고「선생님은 어떻게 만유인력설을 발견하게 되었느냐」고 물었을 때,「항상 거기에 대하여 관심을 가지고 열중해 있었기 때문」이라고.

〈月刊 朝鮮 81. 4〉

진정한 취미

나와 친분이 두터운 의사이고 서예가인 S씨가 의사회관(醫師會館)에서 서예전을 가졌기에 참석하였더니, 마침 같은 회장에서 의사들의 사진 콘테스트의 시상식이 있어서 그 곳에도 참석하게 되었다. 시상이 끝나자 의사회의 사무국장이고 사진작가인 K씨가 나에게 축사를 청하였다.

아무 준비도 없었고, 또 그런 공식 행사에는 나서기를 좋아하지 않는 성미지만, 그 자리가 직업 외에 사진으로 취미 생활을 가져보겠다는 의사들의 모임이었으므로 굳이 사양할 수가 없었다. 다같이 사진하는 입장이기 때문에서다.

사진을 통해 얻어진 생활의 변화와 나의 경험을 다음과 같이 이야기하였다.

「남이 볼 때는 저도 꽤나 오래 사진을 하고 있고 또 그간 더러 상도 탔으니까 사진하는 목적을 이름 내는데 두고 있는 것으로 보는 분도 있습니다. 그러나 내가 아직까지도 사진에 열을 올리고 있는 것은 그런 현실적인 목적이 아니라, 사진을 참된 생활의 반려로 함으로써 얻어진 즐거움과 광범위한 분야에 걸쳐서 새로운 상식을 얻게 되어 정신적으로 다양하고 충족된 생활을 영위할 수 있게 되었기 때문입니다.

여러 선생님들도 이미 경험하신 바이겠지만 카메라를 메고 나섰을 때와 카메라 없이 산책 길을 나섰을 때는 완전히 마음의 자세가 다릅니다. 카메라를 가지지 않았을 때는 아무리 좋은 풍경이고 자연일지라도 주마간산격으로 건성 건성 지나가고 맙니다. 그러나 카메라를 메었을 때는 자연과 모든 사물이 선명한 윤곽과 포름을 가지고 비쳐오며 의미를 가지고 나를 대해 줍니다. 즉 대화를 걸어오지요. 그리고 사람의 움직임과 그 표정까지도 흥미를 가지고 주시하게 됩니다.

설악산에 놀러 갔을 때, 그 산세(山勢)하며 수목·풀·안개 할 것 없이 모두가 나의 시선을 끌며 나를 한 자리에 못박아 두고 떠나지 못하게 했읍니다. 그런데 부산에서 왔다는 관광객들은 「다음은 어디지?」하면서 부산하게 뛰어다녔읍니다. 목적지에만 팔려서 도중의 경치는 있으나마나 였읍니다.

많은 시간과 돈을 허비하면서 저렇게 뛰어 다녀야 구경이 되는 것인가 하고 일종의 연민(憐憫)의 정이 듭디다. 실지 그런 관광지를 나다녀보면 우리가 입으로만 「금수강산 삼천리」라고 하지, 이 강산에 대한 애정을 엿볼 수가 없었읍니다. 그러나 카메라를 쥐게 되면 마음의 자세가 완전히 달라집니다.

우리는 주의력을 집중시키는 말로 응시, 주시, 경청, 이런 말을 합니다만 카메라를 쥐면 노력하지 않아도 자연스럽게 그러한 경지로 들어가게 됩니다. 바로 내면적인 대화를 형성해 주며 관찰력을 길러주는거죠.

카메라가 없던 시절은 이 사물과의 대화를 형성해 주는 관찰력을 기르기 위하여 그림 공부를 했읍니다. 괴테의 〈자서전〉을 보면 그가 소년시절에 그림공부를 했는데 이것은 화가가 되기 위한 수련이 아니라, 사물에 대한 관찰력을 기르기 위한 방법이었다고 합니다. 그 시절에 카메라가 있었다면 그도 그림을 배우지 않고 사진 공부를 했으리라고 생각합니다.

저는 KBS-TV에서 방영되는「동물의 왕국」을 볼 때마마 내가 젊었을 때 읽은「파브르 곤충기」가 생각납니다. 그 때 오늘과 같은 카메라와 무비가 있었더라면, 파브르씨는 오늘날 동물의 왕국을 무색케하는 좋은 기록을 남겼을 것이 아닌가, 하고 애석하게 생각했읍니다.

그는 곤충의 삶의 생태를 관찰하기 위하여 불란서 시골의 개울이나 들판이나 숲 속에 자리를 잡으면, 무한정 그곳을 떠날 줄을 모르고 관찰과 연구에 몰두했읍니다. 허술한 차림새하며 아무것도 하는 일 없이 줄곧 땅만 바라보고 있는 그의 행동을 정신 이상자로 알았는지 마을 아낙네들이 그의 옆을 지나갈 때는 반드시 십자가를 긋더라는 것이었읍니다. 그는 만년에 눈이 보이지 않을 때까지 일생을 통한 관찰과 사색과 실험 끝에 저 위대한, 방대한 곤충기의 저서를 남겼읍니다. 우리 인간의 지혜로 써도 따를 수 없는 저 곤충들의 삶의 신비는 도대체 어디에서 오는 것일까……. 그는「본능의 위대한 능력」이라고 결론지었읍니다. 이러한 그를 평하여 화가처럼 관찰하고, 철학가처럼 생각하고, 시인처럼 썼다고 했읍니다. 그러나 오늘은 관찰에 있어서는 화가 보다 사진가가 더 치밀하고 끈질김을 증명하고 있으니, 그 시절에 카메라가 있었다면 반드시 사진가와 같이 관찰 했다고 했을 것입니다.

누구나 자연, 즉 외계를 관찰하는 능력을 얻기란 그렇게 쉬운 일이 아닙니다. 그러나 자연을 경이의 눈으로 바라볼 때 예술이 시작되고, 신비와 과학의 눈으로 바라볼 때 철학자와 과학자가 생겨난다는 이 관찰의 능력을 나는 사진 작품을 시작한 뒤로 실감하게 되었읍니다. 그리고 이 관찰은 필연적으로 사색을 낳게 되고, 이 사색은 또한 나를 탐구의 길로 몰아넣는 힘을 주었읍니다. 사진 작품 제작에 햇수가 가고 개인전을 열다보니 새로움을 찾는 의욕도 나고, 또 나를 뒷받침해줄 이론적인 정립이 아쉬워졌읍니다. 그래서 선배의 충고를 따라 같은 시각예술인 조형예술로 눈길을 돌렸던 것입니다.

조형예술을 형성하는 형태와 선(線)·면(面)·괴체(塊體)·수(數)의 의미·색채의 성격과 약속·양식(樣式)에 대한 개념이 서고, 구도(構圖)의 요소인 명암(明暗)·조화(調和)·비례(比例)·대조(對照) 등을 알게 되고, 주제(主題)를 표현하는 숫법으로 비유·상징·추상·데포름 등을 이해하게 되니 조형예술을 바라보는 눈이 작가적 입장으로 내면화 하고 회화와 사진의 독자성(獨自性)이 이해되었읍니다. 이와 더불어 미학(美學)에도 접근해지고 미술사(美術史)와 문학사, 심지어는 음악사에까지 손길이 뻗쳐

사적(史的)으로 고찰하는 안목이 생기고, 「예술은 예술이기 위하여 먼저 변화해야 된다」는 명제(命題)도 올바르게 인식되었읍니다.

 그리고 모든 뛰어난 작품 속에서는 반드시 그 시대의 문학 사상과 개성이 작용하여 창조와 변모의 길을 치닫고 있음도 이해하게 되었읍니다. 이러한 지적(知的)인 자기 성장은 전위(前衛) 활동에 대해 시험적인 가치 창조의 안목으로 평가하게 되고, 자기 작품에 대한 자기 비판력도 생기게 되었읍니다.

 사진은 이와 같이 관찰의 기쁨에서 미학과 문학사의 범주까지 섭렵(涉獵)하는 길을 터주기도 합니다만, 한편으론 이것을 떠나서 카메라에 대한 단순한 호기심과 흥미만으로도 생활에 윤택을 느끼게 해주었읍니다.

 정밀 기계에 속하는 이 카메라의 수집은 소유욕을 충족케 해줄 뿐 아니라, 그 성능과 특성의 비교, 또는 신형(新型)과 구형(舊型)의 특성과 차이점에 대한 비교 등은 과학적인 호기심을 만족 시켜 주었읍니다. 사진하는 사람으로서 가장 관심을 가지는 독일제 렌즈와 일본제 렌즈의 비교, 그 묘사력과 칼라 밸런스에 대한 성능 비교는 더욱 큰 흥미를 일으켜 줍니다. 일본제 렌즈는 선예도(鮮銳度)에 있어 날카롭기는 하나 차고 딱딱하고 배경의 흐림도 탁합니다. 그런데 독일제, 더구나 「나이쯔」회사의 렌즈는 부드럽고 선명한데다 볼륨이 있고 차분하며 흐림도 스무우드 합니다. 셔터도 일제는 양철을 두들기는 소리같이 탁하고 둔하나 라이카는 금속성으로 맑고 경쾌합니다. 그래서 〈아사이카메라〉잡지 기자가 「일제 카메라는 세밀기계이고, 라이카는 정밀기계」라고 평한 말에 납득이 갑니다.

그리고 세계적인 추세로 카메라가 자동화하고 소형화 하는 경향을 살펴서 그 메카니즘과 디자인을 비교·검토해 보는 것도 나 자신을 새로운 세계로 이끌어 주었읍니다.

이러한 광범위한 탐구와 지적인 개발은 영양소가 되어서 이제까지 사진에만 국한되었던 나의 시야를 예술 전반으로 차원을 높여서 사진을 생각하게 되고 나의 감수성을 갱신(更新)하는 데에 이바지하여 주었읍니다.

결론에 있어 남보기에 장난같은 기념 촬영에서 시작한 사진도 작품세계로 비약하여 나의 느낌을 표현하는 단계로 올라서면 이제까지의 취미는 면모를 달리한 새로운 미와 학문의 세계로 변하며, 메카니즘에 대한 흥미 역시 광학(光學)과 전자공업의 세계로 접선되어 나를 관찰하는 기쁨, 창작하는 기쁨, 탐색하는 기쁨, 아는 기쁨을 맛보게 해주었읍니다.

여러 선생님들도 취미로 시작한 사진의 길을 재미 위주의 영역에서 진일보 시켜 허버트·리이드가 말한 「진정한 취미는 취미가 아니다」라는 말의 진의(眞意)를 이해하시고 이를 쟁취하여 자신의 생활에 새로운 활력소를 불어 넣어 주시기를 바라마지 않읍니다. 감사합니다.

〈 兒童文學評論 77. 제7호 〉

素朴性의 회복

1

 일본의 어느 잡지가 그들의 문화에 큰 영향을 끼친 역사적 인물 백명을 선정해서 실었는데, 거기에 한국 사람 「李參平」이라는 이름이 나와 있었다. 처음 듣는 이름이라 그가 어떤 경력의 사람인지는 알 수 없고, 거기에는 「일본을 도자기 생산국으로 만들어 일본의 근대화에 공이 크다」고만 적혀 있었다.
 그런데 일본의 NHK 방송국에서 그들의 방송 50주년을 기념하는 TV프로로 방영한 것을 〈미래의 유산〉이라는 책으로 펴냈는데, 그 3권에 이참평에 대한 기사가 실려 있었다.
 그것을 요약하면 이참평은 임진왜란때 포로로 일본에 잡혀간 도공(陶工)의 우두머리로 규우슈우(九州)의 아리다에서 한국의 백자광(白磁鑛)과 같은 도자기 흙을 발견하고 1616년에 최초의 백자를 만들었다는 것이다. 그때 일본은 그릇을 만드는데 이 자광석(磁鑛石)이 없이는 자기(磁器)가 되지 않는다는 사실을 아무도 모르고 있었다고 한다. 그리고 여기에 끌려간 도공들은 그들의 꿈을 고국에 있을때와 같이 백자(白磁)를 만드는 데에 두고 있었다고 한다.

나는 이러한 사실과 더불어 또 한가지 새로운 사실을 발견했다. 그것은 우리나라와 일본의 감각에 대한 민족적인 차이인 것이다.

처음 이참평이 만든 도자기는 우리나라의 이조백자 그대로였다. 빛깔도 약간 황색이 내비치는 텁텁하고 구수한 흰색이고, 무늬도 단조로운 흙색이었다. 그런데 일본 사람들이 오란다 무역선에 실려서 실크로오드가 아닌 남해항로(南海航路)를 따라 서구로 내보낸 백자는 빛깔도 푸른기가 도는 흰색이고, 무늬도 붉은색과 청색의 화조(花鳥)무늬이며, 모양은 화려하고 다양하였다.

그들의 민족형성이 복잡하고 우리와는 바다를 격한 섬나라에 있다고는 하나 오랜 역사를 통하여 우리의 문화적인 혜택을 받아온 그들의 민족성 속에 진작 오늘의 경제동물(經濟動物)의 소지(素地)가 깔려 있었다는 건 새로운 인식이었다. 또한 우리들은 어디를 가나 그 곳에 동화되지 않고 고유한 우리의 생활감정을 견지하고 있다는 것도 새로이 얻어진 느낌이었다.

그리고 그 책의 1, 2권은 인간의 거석(巨石)에 대한 신앙과 염원에서 이루어진 건축과 조각을 찾아다니며 인간의 위대한 정념(情念)을 추구·표현한 것이었다.

신전(神殿)의 정상(頂上)을 향한 사방(四方) 90계단의 주위에 그들이 성취한 천문학의 심오한 지식을 빈틈없이 새겨넣은 신비한 마야의 유적, 불교에서 얻은 깨달음을 상징하여 열반에 드는 석가상을 7미터의 길이로 조각한 인도의 아잔트석굴, 하늘에 오를 듯한 이스탄불의 소피아성당(聖堂), 생명과 생식을 주관하는 여신(女神)을 관능적으로 표현한 조각을 탑신에 두른 신전이며, 현실적인 사물의 표현을 거부한 이란의 아라베스크환상을 구현한 모자이크 장식의 이슬람성당, 이와 발상(發想)을 같이한 페르샤 융단, 왕과 신을 동일시하여 왕 자신의 모습을 거석에 새긴 이집트의 유적, 트로이전쟁 때 지하에 묻힌 도시를 슈리만이 발견하여 복원한 희랍의 미케네 도시, 이 모두가 웅대하고 장엄하고 찬란했다. 이것은 인간의 능력을 초월한 초인적인 업적이며 인간이 가진 정념의 무궁무진한 표현이다.

나는 이것을 보면서 「우리들의 유적도 한점쯤 여기에 끼일 만한데……」하고 욕심을 부리면서, 마음 속으로 이들의 유적과 버금갈만한 우리의 유적을 챙겨보았다. 그러나 나는 우리의 문화재에는 이러한 거대하고 대규모의, 사람을 압도할만한 성질의 유적이 없음을 이내 알아챌 수가 있었다.

그러면 반드시 이러한 종류의 유적이 아니면 값어치가 없다는 말인가. 우리의 문화재에는 우리의 독자성(獨自性)으로 세계에 소리 높여 외치고 설득할만한 특성은 없을까? 예술에 있어서는 크고 작은 것이 문제되지 않고, 애오라지 거기에 내재하는 양식의 질과 특성, 그리고 오로지 그 독자성만이 문제가 된다고 하지 않았는가. 그래서 앙드레·말로는 그의 저서 〈동서

미술론〉에서 지팡이의 손잡이에 새겨진 조그만 장식과 금화 (金貨)에 새겨진 조각을 절대의 화폐로 수록하고 있지 않은가.

그 때 나는 비로소 그들에겐 없고 우리에게만 있는 고유한 미와 특성이 머리에 떠올랐다. 「소박성」이라는 말이었다. 그래서 나는 이참평의 기사가 실려 있는 그 책의 면을 다시 펼쳐 보았다.

거기엔 일찍이 중국의 도자기가 한국 도자기에 영향을 주고 한국이 일본에게 도자기의 길을 터주고, 중국과 일본의 도자기가 무역을 통하여 중동(中東)과 서구로 건너가서 독일로 하여금 도자기를 생산케 했다는 문화의 전반 경로가 서술되어 있고, 우리의 청자와 백자 두 점을 크게 실었다. 너무나 눈과 귀에 익은 청자·백자인데도 남의 나라 책에 크게 실려 있으니 새삼 야릇한 감회와 흥미를 가지고 다시 보지 않을 수 없었다.

나는 청자를 바라보면서 늘 하는 생각으로 누가 이름을 청자라고 지었는지는 모르나 청록(靑綠)이 아울러 깃든 이 자기의 빛깔은 「청」자가 격에 맞지 않다고 느낀다. 여기에는 우리의 맑은 가을 하늘과 봄 바다, 그리고 넓은 들판에 핀 보리가 물결치는 푸르름이 동시에 용해되어 하모니를 이루고 있다. 누구는 이 빛깔을 얼음에 통하는, 그리고 또 불교의 「無」에 통하는 색이라고 했다. 속세를 떠난 청순하고 고요하고 투명하며 단순한 그 모습에서 그런 느낌도 가질만 하다고 생각했다.

백자는 현실적이다. 그 빛깔은 화학 약품에 바래지지 않는 순수한 백색(白色)이다. 옥양목이 아닌 명주와 백목(白木)에서 오는 구수한 흰 빛이다. 얕은 취흥에 젖은 따뜻한 인간적인 체온을 느끼게 한다. 둔탁한 듯 하면서도 순박하고 되바라진데 없이 다정하다. 그러나 소박하고 외로운 모습이다.

청자와 백자는 영(靈)과 육(肉)의 세계이다. 승화된 내세(來世)와 소박한 현실의 세계이다.

나는 우리의 문화재에서 관념적으로 느껴오던 우리의 독자적인 미를 이 청자와 백자의 모습에서 하나의 집약된 뚜렷한 모습으로 전해옴을 느꼈다. 맑고 고요하고 소박하고 단순한 그 아름다움, 이것이야말로 우리의 미요 멋이 아니겠는가. 그래서 김원용(金元龍)박사는 이렇게 말하고 있지 않은가.「일본의 미술은 화려하게 차린 기생같고, 중국의 미술은 위대한 무대 배우 같고, 우리의 미술은 백의(白衣)의 수수한 가정 부인 같다」고.

2

그러던 어느 날. 동양화가 박지홍(朴智弘) 씨가 나를 찾아 왔다. 대구에서 화집(畫集)을 만들고 있는데, 이곳 화랑에 소간이 있어서 잠깐 들렀노라고 했다. 그간의 안부를 묻는 인사가 끝나자, 나는 내가 요즘에 순수한 우리의 미를 찾으려 노력하고 있다는 이야기를 하였다.

「박선생님, 우리가 예술하는 어려움에 대해서 새삼 이야기한다는 것은, 이것은 쑥스러움을 넘어선 유치한 이야기가 되겠읍니다만, 요즘 제가 새삼 느낀 것은 무엇을 분명하게 안다는 것도 여간이 아니라는 것이었읍니다. 예술에 접근해서 그 예술을 이해하고 느낀다는 것은 감수성의 순수함과 아울러 광범위한 지식도 필요하다는 것을 깨달았읍니다. 내가 필요로 하는 지식을 어디에서 갖추느냐, 이것이 문제입니다. 막연히 지식이라고 하지만, 지식의 바다는 넓읍니다. 이 넓은 바다 속에서 딱히 내가 필요로 하는 지식은 어디에 자리를 잡고 있는지, 그것을 찾아내기란 이 역시 소망하는 진주를 바다 속에서 찾는 어려움과 같은 것이라고 느꼈읍니다.」

박화백은 눈부터 웃음을 짓는 미소로 나의 말에 긍정을 보였다.

「다 어려운 거죠. 내가 서구와 아프리카를 돌아보았는데 봄베이에서 본 그 웅대하고 현란한 문화가 어떻게 그 먼 옛날에 이루어졌으며, 그들의 종교와 문화 사조가 어떤 것이었기에 남녀 혼욕(混浴)의 음란하고도 자유분방한 생활의 모습이 벽화로까지 옮겨졌으며, 시가지 형성에 있어 오늘날에 말하는 기하학적인 설계를 할수 있었는가, 그저 놀라울 뿐이었읍니다. 그리고 희랍의 그 아름다운 인체(人體)의 조각, 생명감 넘치는 건강미와 이상화된 균형미는 그 누구도 이것을 능가 한다고 상상할 수 없을만치 극치의 경지를 이루고 있었읍니다.

그 기량과 미감이 어디에서 얻어졌는지 그저 경탄할 뿐이었읍니다. 그리고 아프리카에서는 그 대지에 충만한 생명감, 그리고 우리가 느끼지 못하는 그들의 생활감정과 주술(呪術)적인 신앙에서 빚어진 작품이 이질적인 신선감을 안겨주었읍니다. 감수성이 칼 끝같이 예민한 피카소가 여기에서 그의 작품의 새 방향을 설정하였다는 것은 이해하고도 남음이 있었읍니다. 지금도 그 광활한 생명에 찬 대지가 나를 부르고 있읍니다. 또 한번 갈려고 합니다.」

「생명력이라고 하시니 생각이 납니다만, 저는 인도의 아잔트 예술에 대해서 너무나 무식했읍니다. 그 풍만한 유방과 둔부의 관능적인 표현과 나무아래[樹下]의 미인상을, 그리고 라마교의 환희불(歡喜佛)의 조각을 그저 천박한 섹스의 과장된 표현으로 보아왔읍니다. 그런데 그것이 인도의 재래적인 민족신앙에서 유래했음을 알고, 내 무식에 스스로 얼굴이 붉어질 지경이었읍니다.

인도의 재래의 민족신앙은 여신숭배이고, 그러므로 이 여신이 새 생명을 탄생시켰으며, 그것을 생의 창조와 결부시킴으로써 성력(性力)을 신성시하고 성생활 또한 신성시하게 되어 이것을 집중적으로 표현한 결과가 유방과 둔부를 관능적으로 표현하게 되었고, 나무아래의 미인상 역시 이 나무가 그 열매로 인간에게 양식의 구실을 하여 그로써 여신이 자라나고 새 생명을 창조한다고 믿어 이것을 신격화(神格化)해서 풍요의 신으로 기호화(記號化) 한 것이었읍니다. 이러한 흐름이 뒤에 일어난 불교에도 전입(轉入)되고 나아가선 그 영향이 한국과 일본에도 미쳐 우리나라의 석굴암 보살상에까지 영향을 준 것입니다. 이렇게 예술의 흐름을 계보 따라 캐어보는 것도 예술하는 재미 못지 않은 즐거움이었읍니다.

그리고 우리 예술의 본질이 소박성에 있다는 이해에 도달하기 까지도 많은 시간을 필요로 했읍니다.」

「그렇읍니다. 우리 예술의 근본은 소박성입니다. 그러나 저는 이것을 너무나 잘 알면서도, 또 그리로 환원해야 된다는 것을 항상 느끼면서도 이 길에 들지 못하고 있읍니다.

시류(時流)에 쫓기고, 또 살려고 애쓰다보니 본래의 장인(匠人) 정신을 망각하고 선수가 되어버리고 말았어요. 소박성의 회복이랄까 회귀(回歸)라 할까 이것만이 나에게 주어진 명제이며 진실입니다. 경주(慶州) 남산에 올라가다 보면 큰 바위에 음각(陰刻)으로 새겨진 불상이 있읍니다. 이 소박한 표현은 그야말로 절묘입니다. 꾸밈과 군더더기 없이 그저 순수하고 소박함, 그것 뿐입니다. 우리 옛날의 장인들은 어떻게 이 경지에 이르렀는지 그저 놀랄 뿐입니다. 그런데 우리는 이 경지를 외면하고 영리한 선수로 꾸미기에만 열중하고 있으니 한심합니다.

나는 일본에서 전시회를 가졌을 때, 그 곳 시골에 가서 그들의 가면(탈)을 보았읍니다. 그 때, 그 탈에서 풍겨오는 꾸며지고 다듬어진 영리함에 속이 메시꺼웠읍니다.

이것은 몇 해전에 있었던 일인데, 산골 두메에 간 일이 있었습니다. 요지(窯地) 가까운 곳에 노인 한 분이 외롭게 혼자 살고 있었는데, 자기가 쓰는 그릇은 자기가 빚어 요지에 부탁해서 구워 쓰고 있었읍니다. 그 날 우리가 갔을 때도 그릇을 빚고 있었읍니다. 뚝배기같은 모습이었는데, 그 소박하고 치졸한 맛이 나를 미치게 했읍니다. 「진실로 우리의 예술가가 여기에 있는데 나는 뭘한다고 이렇게 날뛰고 있는가. 빨리 서울을 떠나 경주에 가서 이 소박성의 원천인 장인들의 정신을 내 것으로 해야 되겠다고 생각은 했읍니다만. 아직도 이러고 있읍니다.」

「박 화백께서 그렇게 말씀하시니 공감에 대한 새로운 기쁨이 우러납니다. 저는 우리 민족같이 자연으로부터 혜택을 받고 살아온 민족은 없다고 생각합니다. 더러 가뭄과 홍수의 피해를 입긴 했으나 다른 나라와 같은 천재지변은 없었읍니다. 그러므로 자연에 안겨 자연과 더불어 욕심없이 순수하게 살아온 덕분에 이러한 소박성을 체질화한 것이 아닌가 봅니다. 양지 바른 산 밑에 참대밭을 끼고 앉은 초가집에서 석양의 노을을 받고 한줄기 밥짓는 연기가 피어 오름을 바라보면 그 자연에 안긴 품이 마치 엄마 가슴에 안긴 어린이를 연상하게 됩니다.」

  우리들의 공감에 얽힌 대화는 그칠 줄을 몰랐다.

〈 78 〉

闢初 老人

우리 두 내외를 비롯해서 아들 딸 손자까지 병만 나면 신세지는 단골의사가 있다. 국민학교의 동창이고, 세상을 살아가는 자세가 비슷한 데가 있어 친구 겸 의사로서 사십년 가까이 각별히 지내오고 있는 터이다.

서로가 육십의 고개를 넘어 서 있으나 항상 세상사 보다 자기가 좋아하는 길에 열을 올리고 있다. 그는 우송(又松)이라는 아호(雅號)를 가진 이름난 서예가이기도 하다.

내가 환자 겸 친구로서 방문하면 휘호한 자기 글씨와 또 수집한 명필과 그림도 보여주곤 하였다. 나는 서예에 대해서는 감정과 개성의 표현이 없는 분야로 치부하여 큰 관심을 갖고 있지 않았다. 그러던 것이 6·25동란 이후 사십고개를 넘어 사진을 시작하자, 같은 시각 언어를 가진 조형 예술에 대한 내 나름의 교양을 얻으려 허버트·리이드와 앙드레·모로아의 서적을 뒤진 것이 계기가 되어 동양화의 기본이 서예의 필력(筆力)과 필세(筆勢)에서 비롯됨을 알고 비로소 서예에 대한 새로운 인식을 가지게 되었다. 그래서 우송의 서예에 대하여도 내 나름의 감상을 하게 되었다.

하루는 우송더러

「우송선생의 글씨는 보통 사람들과는 다른 점이 있읍니다. 필력을 외부에 노출시켜 과시하지 않고 획 속에 내재시키는 것 같습니다. 정열적인 표현이 아니라 감정을 억제한 이성적(理性的)인 표현이라 할까요.」 이렇게 말했더니, 그는

「옳게 보셨읍니다. 그래서 저는 붓이 종이에 닿으면 바로 써내려가지 않고 일단 붓을 꺾어서 힘을 죽인 다음 쓰고 있읍니다.」고 하였다.

이것이 계기가 되어 서예를 이해하는 동호자(同好子)의 대우를 받게 되었다.

어느 날 「석제(石齋)」의 서른살 때 쓴 병풍과 일흔여덟살 때 쓴 액자를 구했다 하며 보여 주었다. 나는 즉석에서

「이 삼십때에 쓴 글씨는 누가 봐도 잘 쓴 글씨입니다. 그러나 이 78세 때 쓴 글씨는 그런 글씨기 아닙니다. 그저 흥에 겨워 써 내려 간 듯한 자유분방한 풍류의 멋이 있읍니다.」

라고 하였더니 그는

「동감입니다. 이 호탕하고 풍류스런 맛이 볼수록 내 글씨를 무색케 해주고 있읍니다. 명필의 경지라고 할 수 있겠지요.」

하는 것이었다.

「바로 그것입니다.」 기교를 과시하는 연주와 기교를 완전히 넘어선 연주, 이러한 차이가 아니겠습니까.」

그 후, 우송의 글씨는 미를 거부하는 즉흥적인 서체(書體)를 띠었으나 나는 그것을 지켜볼 겨를이 없었다. 그저 「명필을 바

라보는 자기 투쟁이 전개되고 있구나」-이렇게 느끼면서 새로 시작한 사진 일에 몰두하였다.

그러던 것이 지난 10월에 감기가 잘 낫지 않아서 우송을 찾게 되었다. 진찰실에서 서첩(書帖)을 보고 있다가 나를 반기면서 추사(秋史)서첩이라 하며 건네주는 것이었다.

나는 아찔함을 느꼈다. 멍하니 그 서첩을 응시 하였다. 「반골정신(反骨情神)」, 글씨라기 보다 바로 반골정신의 성격 표현이었다.

짧고 굵고 가늘고 몽땅 몽땅 하면서 약간 바른편으로 치솟은 듯한 서체에서 감히 가까이 접할 수 없는 강인한 의지 같은 것을 느꼈다.

「추사의 글씨는 글씨라기보다 반골정신 바로 그것입니다. 잘 썼다 못 썼다 그런 미지근한 것이 아닙니다. 글씨를 통해서 그 사람의 성격과 인간성을 이렇게 표현할 수 있다는 새로운 사실에 아찔할 뿐입니다.

선생의 부정(不正)·불의(不義)에 대한 증오와 정의에 대한 동경심, 아첨을 거부하는 그런 성격이 이 글씨와 상통됨이 있다고 봅니다. 자기 개성의 표현을 위하여 이 추사체를 한 번 연구해 보시길 저는 권하고 싶습니다.」

나의 말에 우송은

「이제까지 예술적인 면에서 나의 글씨에 대하여 일러주신 말씀에는 내나름대로 공감을 느끼고 잘 써보려 애쓰고 있읍니다. 그런데 이제 말씀과 같은 그런 의미는 아닙니다만, 나의 서예의 발전을 위하여 전문가적인 입장에서 추사체의 연구를 권장하고 지도해준 분이 있었읍니다. 아시다시피 나는 소년시절에 석제선생에게 서예를 배웠읍니다만, 그 후는 스승 없이 독학이었읍니다. 15년 전에 우연히 벽초(闢初)라는 호를 가진 신호순(申虎淳) 노인을 만났는데, 그 분이 나의 일생에 새로운 경지를 마련해 주었읍니다.」하면서 아래와 같은 이야기를 해 주었다.

「그때가 보건소장 시절이었읍니다.

봄철 어느 날, 소장실에서 일을 하고 있으니 밖에서 간호원이 누구와 다투는 소리가 났읍니다. 문을 열고 내다보니, 가슴에 동냥 그릇을 든 키가 작은 거지 차림의 팔십 노인에게 간호원이 동냥은 우리가 주는데 소장은 만나 무엇하느냐고 제지하고 있었읍니다. 거지 노인은 동냥 온 것이 아니라 잠깐 소장을 만나 보고 가겠다는 것이었읍니다.

그래서 내 방으로 청해 들였더니, 저 현관에 걸린 〈仁術報國〉의 액자는 소장이 썼느냐고 묻기에, 그렇다니까 「안진경체(顔眞卿體)로구만!」하는 것이었읍니다. 오늘날까지 이 고장에서 나의 서체에 대하여 이렇게 단적으로 지적 받아보기는 처음이었읍니다. 어떻게 그것을 아느냐고 되물으니까, 「안근유골(顔筋柳骨)인데 그걸 몰라?」하는 것이었읍니다 이것은 안진경과 유공권(柳公權)서체의 핵심을 찌른 말인데, 사실 저도 거기까지는 몰랐읍니다.

　더 이상 그를 경멸하고 시험하는 것은 걷어치우고 정중하게 통성명을 했읍니다. 바로 그 분이 벽초(闢初) 노인이었읍니다. 이와같은 해후(邂逅)가 그 후 나로 하여금 4년간 그의 가르침을 받게 만들었읍니다.

　나의 안진경체 글씨가 어벙지다고 지적했습니다. 짜임새와 필력을 갖추기 위해 추사체를 공부하라고 하며, 추사체는 예서(隷書)를 행서(行書)로 고쳐 쓸 때 얻어진다고 했읍니다. 그리고 「貫」자는 여간해서 모양을 갖추기 어려우니, 「어미모」를 「밭 전」(田)자로 써서 그 묘를 터득하라고 했읍니다. 그의 가르침에는 틀림이 없었읍니다.

　그리고 서예는 글〔文〕과 글씨〔書〕가 혼연일체해야지 글씨만 따로 있는 것이 아니니, 한시(漢詩)에 대한 소양을 높이라고 했읍니다. 운자(韻字)의 고저(高低)와 구사법을 가르쳐 주고, 유명한 시인들과 명사(名士)의 시(詩)를 읊으며 받아 쓰라 하고, 그 시의 형(型)과 모티브를 설명해 주었습니다.

　팔십 노인이었으나, 곽만우(郭悗宇) 허방산(許舫山), 그리고 방산의 아우며 의병대장이었던 왕산旺山=許蔿) 등의 한시를 외는 것이었읍니다. 볼펜으로 쓴 자작시집(自作詩集)도 한 권 저에게 주었읍니다. 그 높은 안식과 깊은 조예는 그저 감탄할 따름이었읍니다.

　생활은 끝까지 구걸이었으나 저의 물질적 도움은 받아들이지 않았읍니다. 그리고 가족상황에 대한 물음에도 함구불응이었읍니다.

결국 교통사고로 돌아가셨읍니다만, 그 때는 알지 못했읍니다. 「벽초」라는 이름 그대로 개벽 후 처음인지도 모르지요.

참으로 사람의 깊이란 알 수 없는 것이지요. 다 제나름대로 보배를 지니고 있지만 모르고 있을 뿐입니다.」

〈 現代文學 76. 3 〉

자기 완성의 길

지금 사양의 길을 걷고 있는 연륜이면, 그가 젊었을 때 문학과 철학에 관심을 가졌었다면 문호 톨스토이의 저서에 영향을 받지 않은 사람은 적으리라고 본다. 오늘날에 와서 토인비와 쉬바이쩌를 젊은이들이 대화에 올리듯 우리들의 젊은 시절에는 톨스토이, 도스토예프스키 등을 곧잘 대화에 올리던 시대였으니까.

그 때의 나 역시 문학 청년의 기질을 가지고 내 나름대로 청운의 꿈에 들떠 있던 시절이라 이 책 저 책을 가리지 않고 탐독했다.

그 중 톨스토이 저서도 몇 권 읽은 기억이 난다. 어느 책들인지는 다 기억 못하고 있으나 소설과 더불어 그의 〈인생론〉과 〈예술론〉, 그리고 〈우리는 무엇을 할 것인가〉등을 읽은 기억은 분명하다.

그 중에 아직까지도 내마음에서 떠나지 않고 있는 내용은 톨스토이가 한 농부와 같이 길을 가다가 걸인을 만나 다같이 동냥을 했는데, 그 금액이 피차 비슷한 데서 느끼는 자책이었다. 그 농부와 자기와의 생활형편을 비교하면 그는 그 농부보다 월등 부유한데 베푼 동냥의 금액이 비슷한데서 오는 자기 인색함을 뉘우치는 대목이었다.

그리고 거리를 헤매는 일곱 살 난 불우 소년을 데려다가 길 렀는데 얼마 가지 않아서 그 소년은 그의 곁을 떠나 다시 거리를 헤매는 것이었다. 그 이유를 톨스토이는 제 나름대로 생각하다가 자기가 그 소년에게 너무나 청결을 강요한 때문이라는 것을 느끼게 된다. 결국 청결은 부유층의 강박관념일 뿐, 가난한 사람들은 청결이라는 구속보다는 자유롭게 제 분수대로 사는 것이 더욱 행복하다는 것을 깨닫게 되는 것이다.

그는 또 졸렬한 저서로 인한 사회에 끼치는 수고와 시간적·물질적·정신적 피해를 낱낱이 들어 글 쓰는 사람들에게 각성을 촉구하기도 했다. 즉, 한권의 책이 출판되기까지 많은 사람의 손을 거치는 번거로운 작업과 구매에 소요되는 물질적인 손해, 읽기위한 시간의 낭비, 아무런 소득이 없을 때의 정신적인 피해 등을 들었다.

이 날까지의 생애를 통하여 인간된「퍼스널리티」형성에 있어 나로 하여금 고집쟁이로, 융통성이 적은 사람으로 만든 것은 자기반성과 자책으로 스스로를 다스리는 그의 기질을 좋아한 것이 은연중 내 마음에 영향을 준 것이 아닌가 생각되기도 한다.

그런데 6·25동란 직후의 일이다. 그 무렵에 나는 NHK 제 2 방송을 즐겨 들었다.

하루는 그 방송이 〈톨스토이의 연구〉라는 제목으로 강연을 가졌는데 톨스토이에 대한 이야기인지라 흥미있게 귀를 기울였다.

 어느 날 밤 톨스토이가 외출에서 돌아오니 이층 자기 부인 방에 불이 환히 켜져 있고, 그 안에서 그녀의 바이올린 선생과 즐겁게 담소하는 소리가 들려왔다. 여성으로서 한창 무르익은 그 부인의 교태와 바이얼린 선생과의 친근한 모습이 확 머리에 떠 올라 그는 참으로 견딜 수 없는 격렬한 질투가 끓어 올랐다. 당장 뛰어올라가서 그들을 죽이고 싶은 충격을 느꼈지만 애써 참았다. 이러한 격한 감정을 극복하기 위하여, 아니 그 감정을 해소시키기 위하여 쓴 것이 바로 〈크로이젤·소나타〉라는 소설이라고 했다.

 그리고 만년에 가서 그의 토지를 농노들에게 분배해 줄 때 그의 부인과 가족에게는 한치 땅도 주지 않았다. 그의 부인이 생계를 유지할 수 있는 재산의 분배를 호소했으나. 그는 듣지 않고 결국 재산을 완전히 정리한 후, 자기도 혈혈단산으로 방랑의 길에 나서 먼 한적한 시골의 역사(驛舍)에서 그의 일생을 마쳤다.

 그 방송의 강사는 톨스토이의 가혹하리만큼 냉혹하고 비정한 인간적인 일면을 새롭게 발견하게 되었다는 투로 말했다.

 내 마음 속에 자리잡고 있던 톨스토이의 영상에 찬물을 끼얹어주는 것 같았다. 나에게 이러한 톨스토이의 사생활을 통한 이야기는 충격이 아닐 수 없었다. 더구나 저 방대한 소설

〈전쟁과 평화〉를 일곱 번이나 정서(淨書)했다는 아내, 더욱이 35세의 노총각이 17세 난 어린 소녀 [소피아]를 열렬히 사랑하여 결혼까지 했었는데 그 아내를 가두로 내몰 수 있을까, 나는 이것을 어떻게 받아들여야 할지 몰랐다.

프로이드는 예수가 진정한 성인인가 아닌가는 그의 꿈을 분석해 보아야 안다고 했다. 그런데 과연 이러한 안목으로 그를 평가해야 할 것인가. 그러나 나는 그가 성인이 아니요, 진실하게 자기를 추구하고 자기완성을 위하여 노력한 진지한 작가이자 감정의 폭이 얼마나 넓다는 것도 그의 작품을 통하여 이해하고 있다. 다만 나의 주관을 기준으로 한 통속적이고 세속적인 면에서 그를 바라 봄으로써 저지르게 되는 오류가 아닐까, 하는 생각도 들었다.

나는 문득 그 말씀의 옳음을 알지만, 실천하기에는 너무나 자기비약이 수반되고 또 비현실적이라고 생각되기 때문에 그저 희구에만 그치고 있는 성경 구절이 생각났다. 이 말씀을 그의 행동에 투영시켜 보았다. 가슴이 짜릿하도록 느껴 오는 것이 있었다.

「행복하여라. 마음이 가난한 자여, 하늘나라는 너의 것이니라.」

그리고 공중의 새는 씨를 뿌리거나 거두거나 모아 들이지 않아도 하나님이 먹여주시고, 솔로몬의 영화도 한 떨기 들꽃만 못하다는 말씀…….

가난한 마음을 회복한다는 것은 부귀와 영화를 갈망하고 사는 우리들에게는 기적과 같은 거듭나는 행복이다. 농노해방에 대한 토지의 분배는 인도적인 면과 사회적인 척도에서도 감행 할 수 있다. 그러나 톨스토이는 진정한 마음의 가난을 회복하는 과정으로 그러한 길을 택하지 않았을까. 언행의 일치가 아니라 생각과 행동을 일치시키는 강한 그의 의지력과 실천력이 우리들로 하여금 그의 참 뜻을 살피지 못하게 한 것이 아닐까. 이러한 것은 오로지 신의 뜻에 자기를 맡김으로써 자기 완성을 기할 수 있다고 그는 생각한 것이 아닐까. 또한, 모든 것의 포기는 새로운 자기의 삶을 얻는 거듭나는 새로움의 획득이라고 그는 생각한 것이 아닐까.

이러한 그의 마음에 세속적인 애증(愛憎)의 그늘을 상상한다는 것은 속된 우리들의 오류일지도 모른다.

〈隨筆文學 79. 12〉/〈慶北隨筆 79. 10〉

讀書와 自己 向上

朴敬用君

　책 한권을 읽는다는 기쁨이 나를 이렇게 흐뭇하게 하고 또 삶의 의의(意義)까지를 느끼게 했다면 유치하고 과장된 표현일까.

　나는 이 책을 읽으면서 아내를 보고,

　「정신은 쓰면 쓸수록 밝아지고 빛을 내는 것 같은데, 육체는 쓰면 쓸수록 쇠약해지니 참 별일이지」

　이렇게 말했다네.

　내가 이 조그만 「쿠세주 文庫」의 〈유이스만의 美學〉을 산 것은 꽤나 오래되었네. 그간 나는 몇 번 이것을 읽으려고 애쓰다가 10페이를 넘기지 못하고 덮어버리곤 했었다네.

　나는 이 책을 며칠전에 또 다시 손에 들었네. 역시 처음 20페이지가 힘겨웠네. 그런에 이번엔 손에서 떠나지 않고 그대로 한 페이지 한 페이지가 붙어 넘어가더니 2부에 들어서서 부터는 아주 흥미가 일어 책을 놓지 못했네.

　내가 언제 정상적인 공부를 한 적이 있어야 말이지. 이러한 책이 쉽게 소화가 되려면 기초적이고 계통적인 소양이 있어야 하는 건데, 그것이 부족한 나에게는 바로 알고 바로 느끼고 정확을 기하여 이해한다는 것은 실로 어려운 일이었네.

그러나 이 책 한권을 다 읽고 나니, 내가 정신적으로 성장했구나, 그리고 참된 것을 알고자 하는 노력이 여기까지 왔구나, 이렇게 스스로 나를 칭찬하고 대견스럽게 생각했네.

또한 그 책의 머리말의 참뜻은 그 책을 다 읽기전에는 모른다는 이치를 깨달았네. 역시 책을 다 읽고나서 다시 머리말을 읽어야만 비로소 그 뜻을 옳게 이해할 수 있다는 것을.

무엇이나 사또 나간 뒤 나팔 부는 것 같고 버스 지나간 뒤 손드는 것 같은 나의 때늦은 우둔함을 군에게 알려드리는 것 같아 부끄럽기 한량 없네.

그렇지만 언제나 남의 뒤를 뒤쫓아가는 이런 인생도 나뿐이겠느냐 하고 자위를 하기도 했네.

그리고 칠순을 바라보면서도 새로움을 느끼고 이것을 즐겁게 받아들인다는 생리가 얼마나 대견한가, 이렇게 으스대보기도 했네.

전에 이곳 申 박사가 나에게 이런 이야기를 한 적이 있었네. 나찌스의 전범 리펜드로프가 사형이 집행되는 그 날 아침이었다네. 간수가 가보니, 책을 읽고 있기에 괴이적게 생각하고 오늘이 이 세상 마지막 날인데, 남처럼 기도나 드리지 않고 책이 무슨 책이냐고 했다는군. 그랬더니 그대답이 평소에 알고 싶어 하든 일이 이 책에 기록되어 있어 그것을 읽고 있다고 하더라지 않겠나. 그리고는 이것을 알지 못하고는 저승에도 갈 수 없는 심정이었는데, 이젠 다 읽고 그것을 알았으니 당장 죽어도 여한이 없다고 덧붙이더라는군.

그 리펜드로프의 심정이 바로 오늘의 나의 마음일세. 죽을 사람이 그 죽음의 직전까지 자기의 지향하는 삶을 위하여 노력하는 그 자세, 거기에 삶의 참다움이 있지 않겠는가.

나는 몇 년 전에도 이러한 경험을 한적이 있었네.

그 때는 A·말로가 쓴 〈동서 미술론 (東西美術論)〉이었는데 참으로 이빨이 서지 않았네. 이 책이 세권이었는데, 그 때는 처음부터 포기하지 않고 매어 달렸었네. 아마 세 번은 읽었을 걸세. 한번 통독하는 것이 가장 어려웠고 힘이 들었네. 아직도 이해 못하는 구절이 있긴 해도 이 노력의 덕으로 조형 예술에 대한 기초 개념을 세울 수 있었네.

이 〈유이스만의 미학〉도 나에게 미에 대한 개념을 일깨워 주었고, 예술의 가치에 대한 안목을 넓혀 주었네. 이 기쁨은 바로 종교에 통하는 희열을 가져다 주었네.

「예술에 있어서는 느끼는 것이 창작의 기반인데, 좋은 작품을 이룩할려면 분명히 진정하게 느끼라」고 하는 말도 나에겐 새로운 교훈이었네.

〈 1979년 3월 6일 〉

3
시간의 바다

흙에서 자란 心性

나이스 맨

새싹

흑색의 망령

이어 받은 핏줄

두 노인의 대화

기술자의 숙명

시간의 바다

'63 朝日國際사진살롱 入賞作 길동무

흙에서 자란 心性

여름도 다간 8월 하순의 어느 아침이었다.

산책길에서 돌아오니 옆집 가게의 가정부가 우리집 문을 두드리며「할머니 할머니」하고 다급한 목소리로 부르고 있었다.

나는 불길한 예감에 가슴이 섬찟했다.

가까이 가서 왜 그러느냐고 물었다.

그녀는 울먹이는 목소리로

「태용이가 죽나봐요. 빨리 할머니 좀 오시래요..」한다

「알았다. 가봐라. 할머니는 내가 깨워 보낼게.」

하고 나는 방에 들어가 아내를 깨웠다. 옆집 태용이가 위독하다는 말에 아내는 소스라쳐 일어나 옷을 챙겨입고 나갔다. 나도 뒤따라 나섰다.

태용이 어머니가 앞서고 그 뒤를 태용이를 안은 그의 아버지가 러닝셔츠 바람으로 뒤따르고 있었다. 다급한 걸음으로 병원을 찾아가고 있는 것이었다. 아내도 그들의 뒤를 따라갔다.

나는 집으로 발길을 옮겨놓으며 간밤의 태용이 일을 떠올렸다.

밤 여덟시가 조금 지났을 무렵이었다. 가게에서 TV를 보고 있는데, 불쑥 태용이가 평시처럼 나타나더니「지현아 놀자」했

다. 8개월동안 못먹고 꼬지꼬지 마른 아이가, 더구나 간밤엔 숨이 막혀서 밤새 그의 부모까지도 한잠을 못잤다고 했는데, 언제 아팠더냐는 표정으로 단정하게 서 있었다.

나는 기적을 보는 느낌에 황급히 지현이를 불러 태용이가 놀러왔다고 안방에 소리쳤다. 지현이가 뛰어나오더니 태용이를 보고는 반가이 그의 어깨에 손을 얹고 함께 밖으로 나갔다.

지현이는 여섯 살, 태용이는 일곱 살이다.

한시간이나 지났을까, 태용이 아버지가 걱정스런 얼굴로 들어오더니, 우리 태용이 오지 않았느냐고 묻는 것이었다. 조금 전에 지현이와 같이 나갔다고 했더니 되돌아 나가서는 얼마 뒤에 두 아이를 자전거의 앞뒤에 태우고 돌아왔다. 어디서 찾았느냐고 물었더니, 평소에 잘 가는 야구장과 백화점을 돌았다고 하면서 시민극장 쇼윈도우 앞에서 노는 것을 데리고 왔다고 했다.

나는 삶의 신비라고 할까, 죽음을 앞 둔 사람의 일시적 회복에 놀라움을 금치 못하고 있던 참인데, 간밤의 태용이 행동도 나에게 큰 충격을 주었다.

태용이가 이날의 불행을 초래하게 된 것은 8개월 전의 일이다. 그의 아버지가 거울면에 글자를 쓰려고 수은을 지울 양잿물을 소줏잔에 타서 막 붓에 묻혀 면경으로 가져가는데 언제 들어왔는지 태용이가 그 소주잔의 양잿물을 느닷없이 홀짝 마셔버리는 것이었다. 참으로 눈 깜짝할 사이의 일이었다. 황급히 그를 부둥켜 안고 병원에 달려가서 치료를 받았으나 어떻게 될는지는 2주일이 지나봐야 안다는 것이었다.

정말 2주일 뒤부터는 음식물이 그의 목으로 넘어가지 않았다. 할 수 없이 위장에 구멍을 내고 호스를 꽂아 이것을 몸 밖으로 내어서 주사기로 유동물을 공급하게 되었다. 그 때부터 그의 몸은 마르고 파리해져 갔다. 이러던 아이가 죽기 전날 저녁에 그의 동무를 찾아와 그가 놀던 곳을 한바퀴 돌았으니 놀라지 않을 수가 없었다.

나는 어렸을 때 할머니와 삼촌, 그리고 종제(從弟)가 오랜병 끝에 갑자기 소강상태로 돌아와서 가고 싶은델 가고, 보고 싶은 사람을 만나고, 먹고 싶은 음식을 먹고는 일주일을 채 넘기지 못하고 세상을 떠나는 것을 보았다. 그래서 이것이 생명력이 시키는 조화인가, 아니면 사람은 자기가 죽는 것을 예지(豫知)함으로써 마지막 마음의 아쉬움을 충족 시키기 위해 그런 기적적인 행동을 하는 것것일까, 아니면 다하는 생명력이 소멸되기 직전에 끊어지는 전구와 같이 확 밝아졌다가 일시에 불타버리는 것일까 하고 여러모로 생각해왔었다. 그런데 태용이에게도 그러한 현상이 나타나니 참으로 신기한 일이 아닐 수 없었다.

내가 이런 생각에 잠겨 있는데, 병원에 따라갔던 아내가 돌아왔다. 결과를 물었더니 소아과에서는 산소호흡기가 없어 택시를 잡아서 종합병원에 가는데 도중에서 숨졌다고 했다.

나는 가슴이 미어지는 아픔을 느꼈다. 내 마음이 이러한데 그들 부모의 가슴은……. 더구나 그의 아버지는 자기의 실수로 자식을 죽였다는 죄의식이 이 슬픔에 겹쳐질 것이니 얼마나 괴로울 것인가.

그래서 아내에게 이왕 태용이는 간 것이니 태용이 엄마더러 허튼 말이라도 「당신 실수로 아이를 죽였다」는 화풀이를 태용이 아빠 보고 하지 말라고 일러보냈다. 그리곤 아비를 깨워서 장사를 치르려면 여러 가지 절차문제가 있을 것이니 옆집에 가서 도와주라고 했다.

아내가 수의(壽衣) 준비로 시장에 간다고 들렀기에 이웃에서 조문 온 사람이 있더냐고 물어 보았다.

「참 이상해요. 태용이 엄마 또래의 부인들을 찾아가 좀 가서 위로를 해주라고 했더니, 우리는 새 집을 지어서 삼년간은 궂은일을 보지 말라고 해서 못간다, 또 우리집은 올해 대학에 시험을 치를 아이가 있어서 못간다 하기에, 내가 죄없는 천진난만한 어린아이의 죽음인데 가릴 것이 있겠느냐고, 나도 열 살짜리 계집애를 없앴는데 그때 수녀님들이 와서 아기 죽음은 천사의 탄생이라고 손수 염을 하고 꽃으로 화관을 만들어 씌우고 성가도 불러줬다고 했으나 좋은게 좋지 않겠느냐고 하기에 그만 뒀어요.」

하는 것이었다.

장례 시간을 물었더니 오후 두시라고 했다.

나는 프로이드의 〈문화론(文化論)〉에서 아프리카 사람들이 그의 가족이 죽으면 역신(疫神)을 두려워해서 제일 가까운 사람만 시신(屍身)을 지키게 하고 다른 사람들은 시신 옆에 얼씬도 못하게 한다는 이야기가 생각나서 아무리 문화가 발달되어도 관습은 그들과 오십보 백보라고 느꼈다.

오후 두시가 되니 영구차가 옆집 점포 앞에 도착했다. 나는 산에 따라가야겠다고 옷을 바꿔 입고 영구차에 올랐다. 동네 아주머니들이 어린이 죽음에까지 신경을 써서 얼씬도 않는데 묘지까지 따라갈 조객이 있을 것 같지가 않아서였다.

그런데 차 안에는 우리 가게 맞은편에 있는 젊은 두 주인이 먼저 차를 타고 있었다. 이들은 시골사람으로 우리 거리에 온 지도 얼마되지 않고 또 둘다 늦장가를 들어서 부인이 해산한 지 얼마되지 않는다. 그렇기 때문에 가리려면 막상 이들이 산모와 아기를 위하여 가려야 하는데, 그것을 상관하지 않고 이렇게 타고 있으니 놀라지 않을 수가 없었다.

나는「댁에서는 이런 일을 가리지 않읍니까.」하는 말이 나왔으나 꾹 참고,

「산에까지 가시겠읍니까.」하고 물어 보았다.

「가야지요. 우리들 젊은 사람이 가야 묘를 파지 할아버지가 묘를 파시겠읍니까. 우리들 고향에는 다 그렇게들 하고 있읍니다.」라고 하는 것이었다.

나는 무안스러웠다. 동시에 도시 출신 사람들은 점점 사사

로와지고 인정이 메말라 가는데, 시골사람에겐 아직도 이웃사촌의 정이 식어지지 않고 살아 있구나 싶었다. 또 「눈 앞의 이익보다는 자기 할 일에 의무감을 느끼는 순박한 정신이 그들에겐 살아있구나」 생각하니, 갑자기 그들의 몸에서 자연과 흙에서 자라난 체취가 애틋한 향수처럼 나에게 느껴져 오는 것이었다.

〈 78. 10 〉

나이스 맨

나는 누구에게도 터뜨릴 수 없고 마음 속으로 삭힐 수도 없는 모멸감을 안은 채 이제 막 문을 차다시피 하고 나간 그 일인(日人)의 뒷모습을 쫓기나 하는 듯 문을 노려보고 있었다.
「당신은 사진이 어저께 도착한다고 하지 않았소. 그래서 어저께도 오고, 하루쯤 늦을 수 있다고 생각해서 오늘 또 왔는데, 오늘도 허탕이니 도대체 언제 도착된다는 말이오? 당신들은 약속이란 말을 모르오? 우리나라는 남에게 약속을 어긴다는 것은 큰 치욕으로 알고 있소. 뿐만 아니라, 비신사의 행동으로 보고 있소. 그러므로 우리나라 사람은 약속을 어기는 실수를 저지를 수 없소.」
이것은 칼라사진 현상을 맡겼던 일인이 약속한 3일안에 칼라사진이 도착하지 않았다고 해서 나에게 퍼분 거드름 겸 화풀이다. 두 번씩이나 헛걸음 친 그의 짜증도 짐작은 할 수 있다. 그러나 그 말 속에 담겨진 노골적인 민족적 모욕은 당장 한 대 갈겨주고 싶은 충동이 치밀어 올라 이것을 꾹 참고 미안하다는 소리를 하자니 나의 뱀이 견딜 수가 없었다.
우리들의 사회에 있어서는 양복을 맞추거나, 신발, 인쇄물 등 약속한 날짜에 되는 일이 없다. 그래서 이것은 상습화된 때

문인지 일껏 그 점포까지 갔다가도 「아직 안됐읍니다.」하면 「네, 그래요?」하고 되돌아선다. 내가 취급하고 있는 칼라사진도 부산 「라보」에 보낸 날부터 도착까지 사흘을 약속하나, 하루 이틀쯤 늦는 것은 어물쩡하고 적당히 넘겨왔다.

그런데 우리 고장에 종합제철 건설로 일본인과 미국인, 그리고 서독 사람들이 오기 시작한 뒤부터는 사정이 달라졌다.

그들이 찍는 사진은 백프로 칼라 사진인데, 완성 날짜를 약속하면 그 날엔 시간까지도 어기지 않고 또박또박 찾으로 온다. 그래서 회사에다 영자(英字)로 쓴 이름은 외국 사람들의 것이니, 이런 것이 있으면 최우선적으로 취급해서 빨리 사진을 만들어 보내달라고 여러번 일렀다.

미국 사람과 서구 사람들은 내가 말을 몰라서 답변하기 어렵고, 일인은 변명을 하자니 민족적 치욕 때문에 그들에게 머리를 숙이기 싫은 것이다. 이 사정을 참작해서 약속을 어기는 일이 없도록 신신당부했다.

그러나 일은 그렇게 되지를 않았다. 공교롭게도 빨리 왔으면 하는 것은 늦어지고, 늦어져도 좋을 것은 빨리 오는 수가 많았다. 그런데 이 일인의 것은 벌써 두 번이나 약속을 어겼으니, 뭐라 변명할 수도 없어 꼼짝없이 수모를 당할 수 밖에 없었다.

앉아서 이 아니꼬운 기분을 삭히려니 견딜 수가 없어서 휑하니 길거리로 나갔다. 누가 뒤에서 부르는 소리가 나기에 돌아보니 소아과 전문의사인 S박사였다. 어딜 가느냐고 묻기에, 그저 산책 나왔노라고 했더니, 차 한잔 하자고 해서 다방에 들렀다.

「선생님은 어디 가셨다 오십니까.」

「학회에서 손님이 오셔서 배웅나갔다 오는 길입니다. 무슨 좋지 않은 일이라도 있습니까? 안색이 좋지 않은데요.」

「아닙니다. 좀 불쾌한 일이 있어서 그런게죠.」

「대단한 일입니까?」

「아닙니다. 왜인에게 약속을 지키지 않았다고 야단을 맞고 나니 불쾌해서 그럽니다.」

나는 조금 전에 있었던 일을 간추려 이야기 했다.

「저도 재작년에 미국에 초청 교육을 받으러 갔을 때 실수를 했습니다. 우리나라에 있어서는 이런 것은 실수측에 들어가지도 않는 하찮은 일인데, 미국에서는 약속 위반이라고 심각하게 받아들입디다.」

마침 그 날은 주말이라 S박사가 다니던 대학에서 8킬로쯤 떨어진 도시에 구경을 나갔다고 했다. 한 점포에 들렀더니 마침 마음에 드는 레인 코트가 있어 입어 보았더니 소매 길이가 약간 길었다. 그래서 이 소매가 약간 긴데 맞게 줄일 수 있느냐고 물었더니 오늘은 주말이라 일하는 사람이 나가고 없기 때문에 당장은 되지 않는다고 하더라는 것이다. 그럼 언제 오면 되느냐고 물었더니, 월요일 오전 열시에 오면 된다고 해서 선금 10불을 주고, 월요일 열시까지 올테니 틀림없이 줄여달라고 부탁하고 나왔더란다.

그런데, 막상 월요일이 되니 바쁘기도 하고, 「찾는거야 좀 늦으면 어떠랴」 하는 생각으로 가지 않고 수요일에 갔더란다. 약속을 한 미국인 주인이 S박사를 보고 용건을 묻기에 줄인 코트를 찾으로 왔다고 했더니, 금방 안색이 달라지더라는 것이다. 「저는 선생님을 닥터로 알고 존경을 했는데, 약속을 어기는 비신사인 줄은 몰랐읍니다.」

「내가 약속을 어긴 것이 무엇이오. 이렇게 찾으로 온 것이 아니오?」

「오늘이 무슨 요일입니까?」

「수요일이 아니오?」

「선생님의 약속은 분명 월요일 오전 열시지 수요일은 아니지 않읍니까?」

S박사는 어이가 없었다. 「선금을 준 바에 하루 이틀 늦은들 그게 뭐 대수라고 이렇게 야단이냐」 따지고 싶었으나, 그 얼굴이 너무 진지한 표정이라 멍하니 쳐다보고만 있었다는 것이다.

「우리나라에선 약속을 어기는 분은 어떠한 지위에 있더라도 비신사의 대접을 받습니다. 하물며 선생님은 닥터인데도 이렇게 약속을 어기신다는 것은 우리들로서는 이해가 가지 않읍니다. 닥터는 신사 중에도 신사입니다.」

S박사는 할 수 없이 미안하게 되었다면서 잔금 20불을 내어 주었다.

점포 주인은 돈을 챙겨넣고는 잠깐 기다리라면서 안으로 들어갔다. 그때 안으로 통한 문 옆에 그의 아버지인 듯한, 혈색이 좋은 노인 한 분이 그들의 대화를 들으면서 싱글싱글 웃고 있기에, S박사는 아까 받은 무안을 좀 씻어보려고

「당신 아드님 많이 딱딱한 분인데요..」하고 말을 걸었더니, 이제까지의 웃음을 거두고 정색을 하면서

「원 천만의 말씀, 우리아들 아주 좋은 사람(나이스·맨)입니다.」하고 대답하더라는 것이다. S박사는 더 이상 할 말을 찾지 못하고 잠자코 서 있을 수 밖에 없었다.

이 일로해서 S박사는 그 미국인 부자(父子)와는 그 뒤로 친숙해졌지만, 참으로 약속에 대한 엄격하고 준엄한 생활태도에는 놀라지 않을 수 없더라고 했다.

나는 크게 깨닫는 바가 있었다.

「선생님의 말씀을 들으니 더 절실히 느껴집니다만, 우리가 근대화를 향하여 달리고 있는 이 시점에서 시간에 대한 무관심의 의식구조는 하나의 감각상실의 민족적인 비극으로 밖에 볼 수 없습니다.」라고 운을 땔 때 나는 다음과 같이 평소의 내 생각을 말했다.

한국에 사는 어떤 서독인은 우리의 의식구조를 말할 때, 서구사람들은 시간을 세분화(細分化)해서 생활하고 있는데, 한국

사람들은 네 계절을 기준으로 삼아 철 따라 생활하고 있다고 했다. 철이란 말은 좀 과장된 표현이겠지만, 일출과 일몰을 기준으로 해따라 산다고는 할 수 있을 것이다.

의식구조의 형성과정을 살펴볼 때, 공업과 기계문명을 바탕으로 생활하고 있는 사람들은 시간과 약속에 대하여 지나치리만큼 민감하다. 바로 시간의 무관심은 자기 생명의 흐름에 대한 무관심이며, 약속에 대한 무관심은 기다림에 의해 일어나는 정신적인 피해에 대한 무관심이다.

그래서 서구 사람들은 약속에 따르는 시간과 정신적인 낭비를 물질적인 피해의식 이상으로 절감하고 있는데, 농경문화에서 성장한 우리들은 자연과의 유유자적한 생활 습성 때문인지 규율적이고 빈틈없는 시간생활에는 오히려 각박하고 부자연한 느낌을 갖고 있는 것이다.

이러한 얘기 끝에 나는 다음과 같이 말을 맺었다.

「저는 약속에 대해 준엄하리만큼 완강한 그들의 태도, 방금 말씀하신 미국의 가게 주인 부자의 이야기 중에서 그 아들을 딱딱하다고 말했을 때, 그 아버지가 정색하면서「내 아들은 나이스·맨입니다.」하고 두둔하는 그들의 태도에서 오히려 저는 삶의 진실과 성실을 보는 것 같습니다.

우리들은 외계(外界)의 자극, 토인비식으로 말하면 도전에 대한 어떤 반응과 순응의 템포가 늦습니다. 이러한 보수성은 역사적으로 볼 때, 민족의 독자성 형성에 이바지한 바도 있다고 생각됩니다만, 역시 현대화의 주인공 노릇을 하려면 이러한 불감증의 정신 바탕은 하루바삐 갱신되어 비물질적인 시간과 정신에 대한 피해 의식을 절감하는 인간으로 탈바꿈 해야 될 것입니다. 이것은 나아가서 기분적인 생활양식에 젖어 있는 우리들을 이지적인 생활로 전환케 하여 시간의 흐름의 확인과 동시에 스스로의 생활을 진지하게 보살피는 새로운 계기를 마련해 줄 것으로 압니다.」

〈 月刊文學 78. 10 〉

새싹

「하와이의 와이키키 해변에서 해수욕을 즐기고 있을 때의 일이다. 갑자기 내 등 뒤에서 나팔 부는 소리가 들려왔다. 그러자 해변가에서 제나름대로의 자세로 바다와 자연을 즐기고 있던 수 많은 해수욕객들이 일제히 일어서서 내등 뒤를 향하여 부동자세를 취하며 한 곳을 주목하는 것이었다. 나는 너무나 돌변한 광경에 내 뒤를 돌아보았다.

거기에는 큰 관광호텔이 서 있는데 국기 게양대에서 나팔소리와 더불어 성조기(星條旗)가 서서히 내려오고 있었다. 시계를 보니 오후 여섯시였다. 성조기가 다 내리자 서 있던 사람들은 일제히 제자리로 돌아가 자기 놀이에 몰두하는 것이었다.

나는 미국 국민들의 국기에 대한 사랑과 존경을 말없는 가운데 뼈저리게 느꼈다. 한 마디의 신호나 군호도 없이 그저 나팔소리에 튕기기나 한 것처럼 일제히 정연한 자세로 성조기를 지켜보는 그들의 마음, 이것이 바로 민주주의의 애국심이 아니겠는가. 강요 없이 스스로의 마음에서 우러나는 애국심, 이것이야말로 진정한 애국심이 아니겠는가.」

나는 이런 글을 어느 일본 잡지에서 읽었는데, 그는 그 글

중에서 미국인의 애국심과 달리 자기들 일본인의 애국심은 엄격한 제도 밑에서 형성된「강요된 애국심」이라고 통탄하였다.

나 역시 6·25사변을 통하여 미국 사람의 임무감과 책임감에 대하여 일종의 부러움을 느끼고 있던 터이라, 이 글을 읽고 더욱 깊은 감명을 받았다.

내 집 근처에서도 석양이 되면 자주 나팔 소리와 함께 애국가를 연주하는 소리를 듣곤 한다. 그러나 우리집 주위에는 라디오와 TV를 취급하는 점포들이 있어 늘 확성기 소리를 흘려 보내고 있기 때문에 이 소리도 그러한 선전의 한 토막으로 짐작하고 별로 관심을 기울이지 않았다.

그런데 그 글을 읽은 뒤의 어느 날, 석양 무렵에 역시 나팔 소리와 애국가가 울려오기에 문득 그 출처를 확인하고 싶은 충동에 한길로 나가보았다.

우리집 옆에 있는 우체국 국기 게양대에서 태극기가 서서히 내려오고 있고, 애국가는 우체국 이층 벽면에 장치된 스피커에서 울려 나오고 있었다. 그리고 한길에는 제복 입은 남녀 학생과 젊은 사람 몇 명이 태극기의 하강(下降)을 부동 자세로 지켜보고 있었다. 그런데 나이 많은 사람들은 무관심하게 쓱쓱 지나가고 있었다.

한편 서운하면서도 그래도 학생들과 젊은 사람들이 국기에 대하여 예를 갖추고 있으니 그것만으로도 대견한 일이 아니겠느냐 싶은 생각이 들었다.

나이 많은 사람들은 일제 시대의 압박 밑에서 우리 말과 우리 성(姓)마저 박탈당했고, 해방을 맞은 뒤는 좌우충돌의 혼란기였고, 이어 6·25참극, 3·15 부정선거, 4·19, 5·16 그 이후의 배금주의(拜金主義)와 부조리의 소용돌이 속에서 살았으니 언제 애국의 씨앗을 싹 트게 할 겨를이 있었겠는가. 더구나 일인(日人)들이 악랄한 식민지 정책으로 역사마저 겨레의 그늘진 곳만 골라 엮어 교육시킴으로써 우리의 겨레와 민족에 대한 긍지마저 말살시켰으니, 나이 많은 사람들이 그러한 무관심도 오히려 솔직하고 자연스런 자기 발로가 아니겠는가- 이렇게 생각하면서도 마음 한 구석에 개운찮은 찌꺼기를 지울 수가 없었다.

그러던 어느 날 석양이었다.

집사람을 찾았으나 보이지 않기에, 심부름을 시키려고 「어미(며느리)」를 찾아 부엌에 갔다.

유치원에 다니는 손자가, 어미와 가정부가 저녁 준비를 하고 있는 부엌 바닥에서 오른쪽 손을 가슴에 얹고 부동 자세로 서 있었다. 나는 어미더러 손주를 가리키며 무얼하고 있느냐고 물어보았다. 어미는

「우체국에서 국기를 내리는 애국가 연주 소리가 들려오니까 장난을 하다 말고 저더러 일어서라고 하더니 저렇게 경례를 하고 있어요.」하고 대답하였다.

나는 일순 콧마루가 찡함을 느꼈다. 저 어린 손자가 애국이

무엇인가를 알 턱이 없다. 그러나 저렇게 천진한 동심에 심어진 애국의 씨앗이야말로 그것이 생활화하면 제2의 천성으로 자라난다. 그의 성장과 더불어 조국의 슬기로운 발전과 문화 성장을 지켜보고 마음에 새길 때, 그것은 새로운 자각된 애국의 새싹으로 움튼다. 그리하여 마침내 조국과 겨레와 자기 스스로에 대한 긍지가 마음에 정착되면, 저 와이키키 해변에서 보는 바와 같은 자연스런 애국심의 발로로 꽃 피울 수 있을 것이 아닌가?

   나는 이런 기대에, 그 작은 고사리 손을 가슴에 얹고 애국가를 들으며 마음의 태극기를 지켜보고 있는 손자의 모습을 이윽히 지켜 보았다.

〈 새교육 78. 1 〉

墨色의 亡靈

저지난 해의 가을인 것 같다. 나는 새로 짓는 어느 호화주택의 벽면(壁面)을 검은 타일로 장식하고 있는 것을 보고 놀랐다.

그 후 나와 친근한 종철(綜鐵:포항 종합제철)안에 회사를 가진 젊은 사장이 땅을 사들여 주택을 신축하고 있다고 하기에, 그 호화주택이 생각이 나서 색채가 우리의 신경과 정신에 미치는 영향을 말하면서 안팎의 장식때 색깔 선택에 신중을 기하라고 일렀다. 그리고 다른 색은 다 좋으나 검정색만은 죽음을 상징하는 색이니 피하라고 했다. 자기집을 초상집(喪家)으로, 무덤으로 표현할 필요는 없지 않느냐고 했다.

그랬더니 벌써 바깥 벽면에 붙일 흑색(墨色) 벽돌과 흑색돌을 사 놓았다고 하는 것이었다.

나는 너무나 어이가 없어서, 그 자재(資材)는 누가 선택해서 구입하게 되었느냐고 했더니, 설계자 자신이라고 했다. 그래서 나는 선진국에서는 현대생활에 있어 색깔이 미치는 영향을 생각해서 이 건축의 색채만은 일반 건축가에게 맡기지 않고 색채 전문가에게 전담시키고 있다고 했다. 또한, 기념비적인 건축일 경우에는 처음 봤을 때와 몇 년 후에 봤을 때의 이미지를 동일하게 하기 위하여 그 색채의 유지 방법에 무한히 신경을 쓰고 있다고 일러주었다. 건축에 있어 구조 문제도 중요하지만, 색채 선택은 더욱 신경을 써야 한다고 덧붙였었다.

그런데 그 후 이러한 해괴한 흑색풍조는 상가(商街)에도 번져 점포와 접객업소(接客業所)의 외부장식에도 나타나고, 아파드 건축의 붐을 탄 주택 건축에도 나타났다.

친구 한 사람이 단독주택을 한 채 샀는데, 대문을 검정색으로 칠하여 마치 화장(火葬)터 소각실(燒却室)에 들어가는 기분이 나서 중간색으로 다시 칠해 달라고 했더니,「일부러 유행색이라서 칠했는데……」하면서 이상한 얼굴을 짓더라는 것이었다.

이와는 성질이 다르긴 하나 색채에 대한 넌센스는 5·16이후 콘크리트 건축이 우리 생활에 나타났을 때도 있었다.

장식성을 띤 벽면의 돌출부에 타일이나 페인트 도장(塗裝)을 할 때 입체적인 효과의 고려 없이 주황색과 갈색 흑색 등을 바르고 넓은 면적의 벽면에는 밝은 색으로 칠하고 있었다. 이것은 색채가 가지고 있는 기본적인 성격, 즉 명도(明度)가 강한 색은 부상(浮上)하여 돋아나 보이고, 진하고 어두운 색은 후퇴하고 침전(沈澱)한다는 원칙에서 역(逆)으로 가고 있는 것이었다.

나는 그때 너무나 어이가 없어서 어떻게 이러한 색맹적인 현상이 일어났을까 생각해 보다가. 다음과 같은 결론을 얻었다.

우리 겨레의 장인(匠人)들은 색채에 대하여는 민감했다. 청자(靑瓷)와 백자(白瓷)의 색깔을 보더라도 알 수 있고 사찰(寺刹)을 장식한 불공(佛工)들의 단청(丹靑)과 그 무늬를 보아도 알 수 있다. 그리고 이조시대의 복장을 보아도 그 순수하고 청초한 바탕에 화려한 장식구(裝飾具)의 처리와 그 색깔을 보면 뛰어난 조화미를 짐작할 수가 있다. 이것은 바로 오랜 전통 속에서 얻어진 우리 민족의 색감각인 것이다.

그런데 일제(日帝)에게 강점(强占)되면서부터 우리 장인들은 전통과 단절되었다. 그 간 일본식(日本式)과 서구식(西歐式)의 입체적인 건물이 세워지긴 했으나, 우리 장인들은 도량의 자격으로 여기에 참여치 못하고 한낱 품팔이로 고용되었기 때문에 여기에 자기 기량을 펴볼 수 없이 결국 전통감각을 상실하고 만 것이다. 우리가 해방이 되었을 때도 미국에서 발달한 색채의 심리적(心理的)·시각적 효과에 대한 색채학(色彩學)의 새 학문은 들어오지도 않았을 뿐 아니라, 그들의 안목은 여기에 접할 수 없었으므로 그들로선 옛부터 내려오는 장식은 진한 색으로 한다는 관념에 사로잡힘으로써 오류를 범하였으리라고.

그런데 1970년대의 후반기에 들면서 어디에서 유래되었는지 가장 우리가 싫어하는 검정색이 우리를 사회의 건축과 의상에 나타나게 되었다. 나는 당혹감과 불유쾌한 기분을 금할 수가 없었다.

이것을 내가 처음 발견한 것은 접객업소의 여성에서인 것 같다. 다방에서 아래 위에 검은옷을 걸친 여성이 접근해옴을 보고 검정고양이를 보는 요기(妖氣)와 죽음의 그림자가 다가오는 것같은 오싹함을 느꼈다. 오늘에 와서는 남성의 입성에까지 이 바람이 불어 검정양복에 검정 내의, 검정 코트로 일습을 갖추어 입는 것을 보고는 참으로 놀라지 않을 수 없었다.

나는 거칠어지는 내 마음을 가다듬고 도대체 백의민족인 우리 사회에 이 검정색 의상이 나타난 것은 어느 때였던가 생각 해 보았다.

어렸을 때의 기억을 더듬은 나는 그것이 왜인(倭人)들이 도시에 들어와 학교를 세운 때부터인 것으로 헤아려졌다. 여학생 옷차림에서 검정색 치마를 보았고 남학생에게서는 검정교복을 보았다.

그러나 일반 백성들은 왜정(倭政)이 장려하는 색깔이 있는 옷을 입으려 들지 않았다. 그들의 뜻을 따르지 않는다고 네거리와 장날의 장터에서 왜인들이 흰옷 입은 우리들에게 먹물 세례를 퍼부었다. 그러나 우리 선조들은 의연히 얼룩진 옷을 그대로 입고 다니는 것이었다.

그러한 강압과 오욕(汚辱)의 빗발 속에서도 백의를 고수하던 우리들이 어찌하여 백만불 수출을 달성하고 또 천불 소득을 획득한 오늘에 와서 스스로 이 흑색을 유행이라는 명목 아래 받아 들여 자랑하게 되었는가? 참으로 해괴하기 이를데 없다.

여성들이 화장을 즐기고 화려한 의상을 동경하는 심리는

나 자신 공감을 가지고 긍정한다. 이것은 생의 본능에 의한 자신의 미화요, 생을 구가하는 미의식의 발로이기 때문이다.

그러나 흑색의 상징은 죽음이다. 여기에는 미를 상징할 수 없다. 나에게서 정서와 감정과 양심을 몰아낸 찌꺼기의 응고(凝固)만이 있을 뿐이다.

나는 문득 양복점 주인이 하던 말이 생각났다.

그 시대의 민심이 안정되고 경기가 좋으면 황색과 적색 계통의 양복을 많이 입게 되고, 침체한 시대와 불안한 때에는 어두운 색깔의 옷을 많이 입게 되드라고. 그리고 역사가는 그 시대의 입성의 색깔은 그 시대의 민심을 반영한다고. 19세기 유럽의 후반기가 암담하였다는 것은 그 때 입성의 유행색이 깜자주색이었다는 것이 말해주고 있다고. 그래서 나는 시대적인 영향인가 생각했는데, 어느 날 아침 라디오의 스윗치를 넣었더니 복식(服飾) 의상학(衣裳學)을 강의하는 교수가 이런 말을 했다.

「음악에 있어 불협화음이 새로운 미를 창조하듯 의상에 있어서도 오늘날까지 기피(忌避)하던 색깔, 금기(禁忌)로 되어 있던 색깔의 색채효과를 무시할 수가 없다. 이러한 색깔은 우리 마음의 밑바닥에서 잠자던 억압된 색깔이다. 그러므로 이 색깔이 외부에 표출되어 의상으로 나타났을 때 이것은 하나의 자극제가 되어 이 강한 자극으로 말미암아 우리에게 새로운 미감(美感)을 형성해준다.」 이것은 나에게 흑색의 유행을 암시해 주는 열쇠 같았다. 그러나 나는 즉시 음악의 원칙에서는 불협화음을 인정하기는 하나, 이 화음이 나타났을 때는 바로 그 뒤에 이 화음의 불쾌감을 조화시키고 무마하는 협화음이 뒤따르게 된다. 그러므로 불협화음의 연속이 음악이 될 수 없듯이 단순한 자극제의 단독색깔만으로는 액센트로서의 효과는 모르나 좋은 입성을 형성할 수 없는 것이다.

그와 더불어 「그럼 수녀의 검정색 제복은?」 하는 생각이 떠올랐다. 확실히 이 입성은 자기를 거부한 죽음의 수의(壽衣)다. 그러나 여기에는 희생의 숭고한 맹세가 깃들여 있다. 청빈(淸貧), 청결(淸潔), 순명(順命)의 세가지 고행을 통하여 현실적인 욕망을 떨쳐버리고 촛불처럼 자기 몸을 불태워 세상에 빛을 주겠다는 희생과 봉사 속에서 새로운 영(靈)의 세계를 지향하는 의지와 새로운 부활의 상징이 깃들어 있는 것이다.

그러나 우리가 유행으로 받아들인 검정색에는 정신적인 배경이 없고 이질적인 자태로써 남의 시선을 자극하려는 욕망뿐이다. 여기에서는 암흑과 백주야귀(白晝夜鬼)가 횡행하는 요기를 느낄 뿐이다.

흰색은 모든 빛깔을 받아들여 어울려서 새로운 미를 창조하는 미덕(美德)과 관용(寬容)이 있다. 그러나 흑색은 모든 색과의 동조(同調)를 배격하고 자기만을 고집하여 내세우는 폐쇄성과 횡포성이 있을 뿐이다.

이러한 흑색의 성격과 속성을 나는 우리들의 마음가짐에 비추어 보았다.

　이것은 바로 어떤 운전 기사가 그의 주인의 아들을 죽이는 심사이고, 가정부가 주인을 죽이고 어미가 자식을 죽이고도 자기 행동을 합리화하려는 처참한 심정에 통한다.

　그러나 오늘의 우리 사회는 전통적인 고질이었던 춘궁(春窮)을 극복하고 절대의 가난에서 벗어나 풍요로운 번영의 시대에 접어들고 있다. 이런 희망의 시대에 어찌하여 이제까지 없었던 잔악한 범죄가 잇달아 일어나고, 때를 같이 해서 모든 미를 거부하고 몸통만 자랑하는 이 암담한 검은 색깔의 입성이 범람하는가?

　사회학자는 이렇게 말한다. 가난 중에서도 가장 무서운 가난은 절대의 빈곤 시대가 아니라 풍요 속에서 느끼는 물질에 대한 기아증(飢餓症)이라고. 모두가 다 같이 가난할 때는 큰 범죄가 일어나지 않으나 풍요 속에서 빈부의 격차가 심할 때 여기에서 오는 욕구 불만과 열등의식은 큰 범죄를 낳게 된다고.

　나는 이 말을 들을 때 내 의식 밖에서 이것이 아닌가 하는 생각이 들면서도, 의식의 표면에 떠오르지 않고 있던 현실에 대한 갖가지 양상이 다시 검토되는 것이었다.

　배금사상에서 오는 가장 두드러진 현상은 성공의 목적을 치부(致富)에 두고, 이 치부를 달성하기 위한 모든 거추장스런 심리적인 저해(沮害)를 말살하는 것이다. 그것은 언어개념의 둔화에서 오는, 돈을 벌기 위해선 어떤 수단 방법도 정당시하는 기성(旣成)의 규범과 윤리와 철학의 포기다. 바로 오늘의 흑색은 이 선(善)과 미(美)로 통하는 이성을 말살한 실상(實像)이요, 규범과 윤리의 철학을 불태워버린 그 잔해의 나신(裸身)이다. 이 실상과 잔해는 비정상적인 것에 관심을 쏟게하고 이질적인 행동으로 자기를 돋보이고자 하는 충동에 젖게 한다. 바로 이것이 흑색을 받아들이고 흑색을 자랑하는 바탕이며 원인일 것이다.

나는 비로소 흑색 현상의 망령의 진원지(震源地)를 규명한 것 같았다. 그러나 이 규명은 나를 즐겁게 하지 않고 오히려 저 검정 옷을 바라보는 암담한 마음이었다. 비뚤어진 현실의 무게가 내 마음을 천근만근 짓누르며 나를 질식케 하는 것이었다.

나는 아직도 어둠이 굳게 병풍을 친 새벽에 뒷산을 산책하면서 「먼 훗날, 역사가는 오늘의 이 흑색유행을 가리켜 그 시대 민족 중흥의 번영을 위하여 안간힘을 쓰는 희망의 시대가 아니라 빈부의 격차를 해소 못하여 심리적인 불균형에 사로잡힌 암담한 시대였다.」고 지적할 것을 생각하면서 발길을 옮기고 있는데, 갑자기 나의 발길에 여명이 와 닿는 것을 느꼈다. 이제까지 칠흑의 밤하늘이 우유빛으로 풀리고 밝음이 서서히 찾아오며 동녘하늘이 붉게 물들기 시작했다. 이제까지 찬란하게 밤을 지키던 등불들이 어느새 스스로 꺼져가고 있었다.

나는 이 밤과 낮이 교체하는 혁명적인 신비로운 광경을 지켜보면서 이러한 밝음이 우리들 마음에도 스며들어 미·추(美醜)에 대한 판단을 상실한 채 참과 거짓, 선과 악에 대하여 불감증인 이 혼미의 어둠을 걷어내었으면…… 그리고 밝은 태양 아래서 사물을 직시하고 판단하는 이성의 능력이 회복되고 흑색의 망령이 활보하는 도착적(倒錯的)인 감성을 바로잡는 예지를 심어줄 수는 없을까 하고, 오늘을 향하여 달리고 있는 새 아침을 바라보았다.

〈 慶北隨筆 79. 10 〉

이어받은 핏줄

재작년 가을(1976년) 대구에서 정기화물을 취급하고 있는 사촌 아우가 오랜만에 들렀기에 궁금하던 종형(從兄)의 안부를 물어보았다.

「과학원에 계신 형님은 어떻게 되었느냐? 아직도 그냥 계시냐, 미국으로 들어가셨느냐?」

그는 업무상 트럭을 따라서 매월 한 두 차례 서울과 속초로 나다니기 때문에 종형의 동정(動靜)에 대하여는 가장 밝았다.

「여름에 하와이로 떠나신 모양입니다.」

「그래? 고향땅에 뼈를 묻겠다더니 마음이 변하신 모양이구나. 그렇게 애써 만든 과학원도 일년 남짓해서 원장 자리마저 내어 놓고 평교수로 물러앉더니……. 떠날 때 못뵈어서 섭섭하구나.」

나에게는 형이라고는 한 분의 종형 밖에 없었다. 아버지는 자식이라고는 나 밖에 낳지 못했고, 백부님은 큰 아들을 두긴 했으나 집을 나간 후 소식이 없어졌고, 오직 달조(達祚)라고 부르는 이 종형만이 유일한 형이었다.

이 종형은 70년 전 중부님이 중모님과 같이 하와이에 이민 가서 낳은 첫 아들이었다. 중부님은 그곳 사탕밭 노동에서 번

돈으로 양복점을 차려서 꽤 재미를 보았다 한다. 그 돈으로 쌀 무역에 뜻을 두고 이민 간지 10년만에 고향인 대구에 다시 나왔으나 일차대전이 일어남과 동시에 쌀값이 껑충 뛰어올라 이 사업은 완전히 실패하고 말았다 한다. 그래서 본전이라도 건지면 다시 미국으로 들어간다는 것이 아주 대구에 눌러앉고 말았던 것이다.

종형이 미국에서 중부님을 찾아 나온 것은 내가 열 한 살 때의 여름이었다. 그 때 종형은 중학생이었다. 우리집은 그 때 대구 약전 골목 제일교회 뒤에 있었다. 마당이 넓어 종형이 우리집에 놀러 오면 곧잘 나와 켓취볼을 하였다. 그 해는 하와이에 있는 교포학생들도 단체로 모국방문을 왔는데 대구에도 들렀었다. 아버지가 이들과 종형을 한 자리에 초청해서 푸짐한 환영회를 베풀었다.

여름방학이 끝나서 종형이 미국에 들어갈 때 나도 중부님과 아버지를 따라서 부산까지 전송나갔다. 나는 아버지에게 종형을 따라 미국에 가겠다고 떼를 섰다. 아버지는 중학을 마치면 미국에 보내주겠다고 달랬고, 종형 역시 중학까지만 참고 있으라고 달래는 것이었다.

어두운 밤 부산부두에 닿아 있는 연락선 뱃전에서 종형과 어떤 미국사람이 이야기를 하고 있는데, 중부님도 같이 영어로 이야기를 하는 것이었다.

그 후 두해가 지난 뒤 나는 아버지를 여의고 중부님댁에서 자랐는데, 종형과는 편지도 오갔고 만년필과 그림엽서도 받았다.

중부님은 하와이에 남겨둔 중모님과 오누이의 생계를 위하여 비단과 한약(漢藥)과 김치 등을 보내주시곤 했다. 그러면 중모님은 이것을 팔아서 다시 돈과 물건을 사부쳤다. 나도 작두로 약재(藥材)를 썰고, 종이로 약첩을 싸고, 그것을 한재씩 묶곤 했었다.

스무살이 되어서 나는 중부님의 슬하를 떠나 서울에 가 있다가 포항으로 내려와 살았는데 거기서 제 2차대전을 맞이했다. 교전과 더불어 종형과는 서신이 두절 되었다. 겨우 미국 본토에서 은행 빚을 얻어서 대학 공부를 하고 있다는 것만 알고 있었다.

1945년에 전쟁이 끝나고 그 해에 미군이 우리나라에 상륙하게 되었다. 중부님은 그 이듬해 6월에 위암으로 세상을 떠났다.

돌아가신 후 이야기를 들으니, 대구거리에 미군이 나타나면 흰 두루막을 입은 노인이 영어로 미군과 더불어 이야기를 하며 가는 것을 보고 아이들이 신기해서 줄줄 따라다니더라는 것이었다. 이것은 중부님이 전쟁동안 끊긴 가족의 소식을 알 수 있을까 하여 미군을 따라다닌 것이었다. 절망 속에 싸였던 중부님이 미군의 상륙으로 가족과의 재회에 희망을 걸었으나,

쉽게 그 소식을 알길이 없어 초조한 나머지 과음한 탓으로 위암을 일으킨 것이라고 했다.

1946년 대구에서 이른바 「10·1」사건이 터졌다. 이 사건으로 해서 미군 군사재판이 열렸는데, 이 때 백부님이 법정에 증인으로 불려나가게 되었다. 백부님이 들어있던 적산(敵産)방직 공장 직공들이 이 소요사건에 가담한 혐의 때문이었다.

그때 우연히 법무관으로 앉아있던 사람이 백부님을 보고 중부님의 성함을 말하면서 그 사람을 아느냐고 묻기에, 내 아우라고 했더니, 잘됐다고 하면서 종형의 편지를 주더라는 것이었다. 영어로 쓴 편지였다. 자기와 달조씨와는 친한 친구라며, 「내가 한국에 종군하게 되었다고 했더니 꼭 아버지를 찾아 편지를 전해달라고 부탁하더군요. 그런데 그 사이 군무에 바쁠 뿐 아니라 찾을 길이 막연해서 걱정을 하고 있던 차였읍니다. 노인이신데다 또 성이 박씨라고 해서 그 친구의 아버지가 아닌가 싶어 물어 본 것인데 참 잘 됐읍니다.」라고 설명하더라는 것이었다. 그래서 그 때 종형은 오하이오주 데톤시에서 대학교수로 있고 가족은 하와이에 그냥 살고 있다는 것을 알았다.

종형이 한국에 나온다는 소식이 1964년 경북대학에 다니는 생질로부터 전해왔다. 미국 불소(弗素)화학회 회장이며, 그 분야의 권위자인 콜로라도 주립 대학의 교수인 박달조 박사가 한국화학협회의 초청으로 내한하게 되었는데, 대구에 있는 경북대학에도 오게 되었다는 소식을 화학 교수가 말하더라는 것이었다.

종형이 오던 날 나는 김포 비행장까지 마중 나갔다. 참으로 종형을 만난지가 40년이 넘었는데 알아볼 수 있을까, 또 얼마나 변했을까 궁금했다. 마중 나온 교수들이 우리를 인도하지 않았더라면 몰라볼 뻔했다. 작달막하게 보이는 체구와 약간 네모진 것 같은 얼굴이 중부님의 모습을 상기케 했다. 귀빈실에서 영접 나온 교수들과의 인사가 끝나는 틈을 타서 나는 종형에게 다가가 「형님, 저를 아시겠읍니까?」 했더니 의아한 표정으로 나를 바라보는 것이었다.

「형님, 저 영달입니다.」

했더니 그제야 얼굴에 활짝 웃음을 피우며 「이렇게 적은」 하면서 손을 허리까지 갖고 가며 「스몰 보이(적은아이)가」 그러면서 내 손을 덥석 잡는 것이었다. 열 한 살 때의 그 어린모습이 되살아 나는 모양이었다. 우리말이 서툴기는 했으나 아주 잊어버린 것은 아니었다.

그 후 종형은 고향인 대구에 내려와서 중부님 산소에 성묘도 가고 귀향의 기념으로 경북대학과 공회당에서 두 차례의 강연회도 가졌다. 나는 성묘가는 택시 안에서 자주 일본에 들르신다는데 어떤 용무냐고 물었다. 오늘날까지의 냉동기계는 암모니아가스를 주로 사용했는데 이것은 인체에 해가 되므로 내가 연구해서 인체에 해가 없는 프레아가스를 발명하게 되었고 일본 대판 금속에서 이 특허를 사용해서 제빙(製氷)기계를 만들고 있기 때문에 매년 기술 고문으로 간다고 하였다. 발명특허는 몇 건이나 되느냐고 했더니 아마 70건은 되겠다기에, 그럼 그 중에 몇 개만 나에게 달라고 했더니 그러마 하고 웃었다.

경북대학에서 강연회는 학생을 위한 전문적인 학술강연이었다. 강연은 순 영어로 했다. 자기앞 테이블 위에 펼쳐진 종이모양의 물체에 글씨를 써가면서 강연을 진행하면 그것이 등 뒤에 걸어놓은 큰 스크린에 흑판 글씨처럼 나타나는 것이었다. 화학 부호와 그 공식의 나열이었다. 두시간을 넘는 강연이었는데 한마디 더듬거리는 법도 없었고, 노트나 메모, 책 같은 것을 뒤지는 법도 없었다. 시종여일 그야말로 청산유수였다.

그날밤 공회당에서는 시민을 위한 강연회였는데 영어와 우리말을 섞어서 했다. 강연이 끝나고 질문이 있으면 하라고 했더니 청중가운데 한사람이 일어나서 「박 박사가 개발한 나이론과 시중에서 팔고 있는 나이론과 어디가 다르냐」고 물었다. 그러자 종형은 일반나이론은 열에 약하나 자기가 개발한 것은 400°C에도 타지 않는다고 대답하였다.

그 이듬해 여름에는 종형이 귀국했다기에 대구 금호 호텔로 찾아갔다. 그 날 아침에 도착했는데, 서울 총리비서실에서 저녁 일곱시에 대통령께서 만나시겠다고 전화 연락이 와서 지금 비행장으로 나갈 차비를 차리고 있다면서 바삐 서둘고 있었다. 그 때는 역시 하와이 태생인 형수도 같이 와 있었다. 그 날은 유난히 더웠다. 서울에서 대구로 간다니까 주위 사람들이 대구는 아직도 에어콘 시설이 없어 지내기가 고생스러울 것이라며 가지 말라고 말렸더니 종형이「나도 어렸을 때 대구에 살았었고 또 아직까지도 사촌들이 살고 있는데 그게 문제가 되겠느냐」고 고집을 세워서 내려왔는데, 와보니 과연 대구는 덥다고 형수가 약간 불만 섞인 어조로 말했다.

  작년에 왔을 때는 어디를 가보았느냐고 물었더니 서울과 울산을 비롯해서 큰 공장이 서 있는 곳은 다 가보았다고 하였다.

  우리나라는 자원도 없고 시설과 자본도 적은데 어떻게 공업국으로 성장할 수 있겠느냐고 했더니, 우리나라에는 어느 나라도 따를 수 없는 큰 보배가 있다고 하면서 그것은 바로「손재주」라 하였다. 이 손재주는 개개인의 손재주를 가리키는 말도 되지만 민족적인 특성이라고 하였다. 여기에 자원을 들여서 가공하게 되면 자원을 가진 어느나라도 부럽지 않게 공업국으로 성장할 수 있다고 하였다. 나는 종형의 이 말을 들은 뒤, 우리가 기능 올림픽에서 상위에 입상할 때까지는 무심히 넘겼었다.

  그 후 대통령을 만난 일에 대해 물었더니 아주 감격적인 접견이었다고 하면서 대통령을 위해서는 무슨 일이라도 같이 할 마음이 나더라고 하였다. 그러면서 기업가들도 많이 만나보았는데, 이분들은 민족적인 차원에서 기업을 이끌어나가지 않고 일확천금의 꿈이 너무 큰 것 같더라고 하였다.

  종형이 3·1문화상을 받게 되었다는 신문보도를 보고 사촌동생과 같이 서울 아스토리아 호텔에서 거행되는 시상식에 참석했다. 종형과 같이 그날 상을 받는 분이 시인 유치환씨의 시비건립때 불국사에서 만난 〈현대문학〉의 조연현씨였다.

  우리의 도착시간이 늦어서 식장에 당도하니 개회를 선언하고 있었다. 그래서 시상이 끝나고 칵텔파티석상에서 종형을 만나게 되었는데, 그 때 종형은 같이 서있던 기술처에서 왔다는 분에게 우리를 소개하였다. 인사가 교환된 후 그분은 「이박박사는 정부에 대하여 너무 고맙게 해서 뭐라 감사 드릴 수가 없읍니다. 우리가 한푼도 여비를 보태드리지 못했는데도 매년 여름이면 오시어 우리 과학기술처의 고문으로 활약을 해 주셨읍니다. 그래서 만분의 일이라도 보답이 될까 해서 이번에 3·1 문화상을 드리게 된 것입니다.」하고 문화상을 타게 된 연유를 설명해 주었다.

  내가 「형수님은?」 했더니 내 말을 잘못 알아 듣고 의아한 표정으로 「마이 와이프 말이냐」고 하기에 그렇다고 했더니 옆에서 손님과 이야기하고 있는 미국식으로 정장한 형수를 우리들에게 돌려세웠다. 형수는 「미국에서도 우리를 보고 어느나라 사람이냐고 물으면 한국사람이라고 당당히 말하고 있다」고 손님들에게 이야기하고 있었다.

  그 다음해인 것 같다. 대구의 사촌아우가 들렀기에 요즘 형님을 만났느냐고 안부를 물었더니 「며칠 전에 서울 올라 갔다가 호텔로 형님을 찾아갔더니 마침 미국에 들어가신다고 하면서 짐을 챙겨놓고 혼자 계산을 하십디다. 짐을 가지고 카운터에 가서 숙박비 계산을 청하고는 그 액수를 들여다보더니 틀린다고 하며 다시 계산해 보라고 합디다. 너무 시간이 걸리기에 얼마나 틀리느냐고 물었더니 삼백원이 틀린다고 하기에 '형님 팁 준 셈치고 지불하고 갑시다' 했더니 나를 쳐다보고 '그런 돈이 있으면 양로원이나 고아원에 주지 무엇 때문에 한푼이라도 부당한 돈을 지불하느냐'고 엄한 얼굴로 변합디다.」라고 종형의 다른 일면을 말해주는 것이었다.

죽기 전에 꼭 조국을 위하여 무얼 한가지는 해 놓겠다고 다짐하던 종형이 정부에 협력해서 한국과학원을 설립하게 되었다는 기사가 났다. 나는 그걸 보는 순간 나에게 술회하던 종형의 말이 떠 올랐다. 그와 동시에 「드디어 자기의 할 일을 찾았구나」하는 느낌이 들었다.

「미국은 기업가와 대학교수가 일체가 되어 산업개발에 헌신하고 있다. 기업가들이 해결 못하는 전문적인 문제는 그 방면의 전문 교수를 찾아서 연구비를 대어 주어서 연구케 하고 있다. 이것은 기업개발도 되는 동시에 교수의 연구과제를 성취한 첩경도 된다. 그래서 내 연구실에도 박사과정을 수업하는 연구부원이 20여명 있다. 이들의 급료는 기업가에서 받은 연구비로 내가 지불하고 있다. 그러나 한국의 기업가는 교수를 상아탑 속에서 잠꼬대하는 사람으로 보고 있고, 교수는 기업가를 돈만 아는 수전노로 보고 있다. 이러한 풍토는 하루빨리 개선 되어야 한다. 기업체와 대학이 긴밀한 유대를 갖고 공동 보조를 취하지 않으면 산업발전이란 기대하기 힘들다. 더구나 남을 앞지르는 산업국으로 성장하기란 더욱 힘들다.」

이러한 그의 소신을 실현하기 위하여 그가 찾아낸 길이 바로 이 과학원 설립으로 귀착된 것을 느끼며 나는 마음으로 성원을 보냈다.

종형은 이 과학원이 준공되어 초대 원장으로 취임했으나 일년남짓해서 나의 천직은 교수라고 하며 원장자리를 내어놓고 평교수로 있었다 한다.

나는 여기에서 새로운 눈으로 종형을 바라보게 되었다.

따지고 보면 그는 한국 사람이 아니다. 미국에서 태어나 미국에서 자랐고 미국에서 교육을 받았으며, 미국에서 직장을 가졌고 미국을 위하여 활동해 왔다. 이 생활 가운데는 한국적인 요소란 추호도 개입되어 있지 않다.

그러나 그는 한국을 위하여 미국에서 한국까지 이웃 드나들듯 했고, 또 무엇인가 한국을 위해 일하고자 안간힘을 썼다. 이것은 오로지 우리와 같은 한국인의 핏줄을 이어받았다는 그 하나의 숙명적인 사실 뿐이다.

나는 생애를 통하여 내 삶의 신조로서 성실을 으뜸으로 하고 주어진 임무와 책임의 완수에 만전을 기하기 위해 꾸준히 애써 왔다. 그러나 남을 위한다는 생각은 문화 활동 이외에는 구상해 보질 못했다.

그런데 쉬바이처박사를 좋아하다가 그가 아프리카 콩고의 「오고애」강에서 성숙시킨 생의 외경(畏敬)에서 「사람은 누구나 자기만을 위한 생활만으로써는 부족하다. 모름지기 남을 위하여 자기 시간을 할애하고 희생하는 노력이 있어야 한다.」는 말을 듣고는 내 생활에 새 바람을 넣어야 되겠다고 느끼면서도 언제나 숙제로 미루어 왔었다.

그런데 종형은 조상의 핏줄을 이어 받았다는 그 하나의 사실만으로 한국에 나와 자기 희생을 이미 생활화 하고 있었다. 이것을 느낄 때 나는 종형을 단순한 친척으로서 보다는 하나의 새로운 인간상으로 비춰보는 것이었다.

그러면서 한편 이 핏줄에 대한 회의, 그 핏줄이 저지르는 배반과 희생의 상반된 양면성이 나를 어리석은 자〔愚者〕의 절규로 몰아 넣는 것이었다.

「한국땅에서 태어나 한국에서 자라고 한국에서 고관대작을 지내다가 조국을 등지고 이역 땅으로 달아나 아직도 그의 친척과 동료와 이웃이 그를 지켜보고 있는 앞에서 조국을 향하여 욕질하는 그 핏줄과 조상의 핏줄을 이어 받았다는 그 하나의 사실 때문에 홀로 한국으로 뛰어나와 일하는 그 핏줄은 과연 그 어느 것이 진정한 내 겨레의 핏줄인가?」하고.

〈 78 〉

두 老人의 대화

나는 손님을 만나기 위하여 단골로 다니는 코피숍에 앉아 있었다. 내 옆 좌석에는 육십이나 됨직한 두 노인이 코피잔을 앞에 놓고 이야기를 나누고 있었다.

나는 기다리는 시간의 무료함에서 나도 모르게 그들의 대화에 귀를 기울이고 있었다.

머리가 반백이 넘는, 그러나 아직도 눈망울이 청명하고 목소리가 카랑카랑한 노인이 이런 말을 하고 있었다. 「오늘 아침 라디오에서 하와이 이민 75주년 기념식에 참석한 문공부 장관이 그곳 대학 총장이 초청한 오찬회에서 연설을 했는데, 참 좋았읍니다. 즉, '서방에서는 자연에 대하여 언제나 도전적이고 이것을 개척하고 정복하는데 힘을 기울였고 동양은 자연의 섭리에 따라 거기에 순응하여 자기생활을 개척했다. 그리고 서구는 기독교 정신 밑에서 합리주의와 실용주의에 의해서 자기 생활을 펴나가는데 우리 한국 사람은 전래의 생활에 의거해서 조화와 협동의 정신 밑에서 생활을 발전시켰다. 이러한 성장 과정은 자연 동서양의 생활의 차이에서 오는 의식구조에도 영향을 주게 되고, 또 제도의 형성에도 독자성을 띠게 만든다. 그런데 이 하와이는 이러한 동서양의 생활에서 모여

든 사람들이 공존하고 있는 곳이라 그 문화 형성에 있어 장래가 기대되고 주목된다'라고 했는데, 나는 그 적절한 분석과 논리에 마음이 흐뭇했읍니다.」

나 자신도 그 이야기를 듣고보니 공감이 갔다. 더구나 미국이 서구식 자유 민주주의를 공식적으로 밀고 나가고 있는 현실에 있어서 이러한 동서양의 특성을 분석하여 그 차이점과 성격을 밝힌 것은 잘한 일이라 느껴졌다. 그래서 그 말을 곰곰이 마음 속에 되새겨 보고 있는데, 나의 맞은편에 앉은 이마가 훤하고 아주 말쑥하게 차려 입은 노인이 이런 말을 하는 것이었다.

「현 선생하고는 참 오래 사귀어 왔읍니다만, 늘 제가 하고 싶어 하면서도 주저되는 말이 있었읍니다. 저는 평양에서 자라나 일제 시대에 왜놈들에게 받은 잔학한 박해와 그 탄압과 멸시를 뼈저리게 느끼고 있기 때문에 헛말이라도 그들을 좋게 말할 수가 없읍니다. 그런데 현 선생은 아주 일인들을 좋게 관대하게 말하고 있읍니다. 항일투쟁은 남한에만 있는 것처럼 광주학생사건을 더러 말씀하십니다만, 반일투쟁이 남한에서 일어난 것도 제가 보기엔 일제의 앞잡이들이 이남에 대하여는 그 감시가 소홀했던 때문이라 봅니다. 평양을 위시한 이북 사람들은 중국사람들과는 친밀했으나 일본인들에 대해서는 아주 사갈시(蛇蠍視)하며 미워했읍니다. 이러한 반일감정을 억누르기 위하여 일경(日警)들은 그야말로 눈에 불을 켜가지고 감시했고 자칫하면 나꿔채 갔읍니다. 그래서 항일투쟁을 일으키려고 해도 너무나 그들의 감시가 심한 때문에 그들의 감시망을 뚫고 모일 수가 없어서 성사를 못했던 것입니다.」

　잠자코 이 말을 듣고 있던 현선생이라는 노인은 어떤 감정을 억누르는듯 잠시 침묵을 지키더니, 천천히 그러나 분명한 어조로 이렇게 말하는 것이었다.

「제가 김선생에게 그런 태도로 보였다면 제가 과거에 일인들과 접촉이 있었던 탓도 있겠지요. 그러나 내가 나를 바라볼 때는 사물을 바라보고 인식하는 내 눈과 생각이 일률적이고 획일적인 선에서 다원적인 안목으로 누그러진 때문이 아닌가 이렇게 생각합니다.

　우리 이남에서도 내가 어렸을 때는 남과 진부를 가리는 다짐을 할 때도 '내가 거짓말을 하면 왜놈의 새끼'라고 하면 그만이었으니까요.

　그런데 제가 일인에 대한 생각을 다시 하게 된 데는 그럴만한 까닭이 있습니다. 일본 사람이면서도 우리 이상으로 우리에 대한 애정과 이해를 가진 사람들이 있음을 알게 된 때부터입니다. 우리의 문화와 예술을 좋아하고 이것을 옹호하기 위하여 광화문을 헐고자 할 때 일본 정부에 항의와 탄원을 하고 또 고등계의 감시망을 뚫어가면서 우리나라 사람들과 접촉하여 용기를 주고 약탈해 가는 도자기와 문화재를 아까워하며 이것을 사 모아서 언제든지 한국 사람에게 돌려주겠다고 한

〈시라가바〉파(白樺派)에 속하는 류종열씨의 행적이 그 하나입니다.

그리고 또 식민지학(植民地學)을 전공한 우찌무라 간조〔內村鑑三〕씨는 식민지 정책이란 후진국을 보살피고 깨우쳐서 그들로 하여금 선진국의 문명의 혜택을 누리도록 해주는 것이 본연의 사명이지, 수탈과 착취와 탄압으로 그들을 약화시키고 피를 빤다는 것은 올바른 정책이 아니라고 하며 하루바삐 한국을 그들의 손으로 넘겨주라고 자기 정부에 대하여 항거했읍니다. 이런 사람이 있었다는 것을 알고는 그들 일본인에 대한 생각을 고쳐 갖기 시작했읍니다.

우리 민족, 아니 대한민국 국민의 사명이 민족의 역량을 길러서 국위를 선양하고 민족문화를 창달해서 이로써 세계문화에 기여한다는 데에 있다는 것, 이에 대해서는 어찌 이론이 없을 수 있겠읍니까.

그러나 저는 이것을 넘어서는 또 다른 사고방식이 존재하고 있다는 것도 알게 되었읍니다. 과장해서 말을 한다면 남을 위하여 노력하고 실천하는 사고방식의 존재에 대한 뒤늦은 인식이라고 할까, 그러한 깨달음을 얻었읍니다.

그 예를 김선생님이 싫어하는 일본에서 들기가 안 됐읍니다만, 제가 건축에 대한 가치판단의 기준을 알기 위하여 애쓰고 있을 때의 일입니다.

적당한 서적을 구하지 못하여 〈신건축〉이라는 일본 잡지를 보고 있었읍니다. 그 때가 마침 일본이 동경 올림픽을 준비하고 있던 때라 이에 대한 건설 기사가 화려하게 지면을 메꾸고 있어 저도 흥미있게 이것을 읽고 있었읍니다. 그 때 일본 건축가 단게〔丹下〕씨가 설계한 국기관(國伎館)과 여러 건축이 이미지를 형태화해서 새로운 공법(工法)으로 이루어진 것이어서 현대 건축을 이해하는 데에 많은 도움을 얻었읍니다.

이런 건설공사가 막바지에 들어갔을 때의 일입니다. 그들은 백미터 직선 코오스에 잔디를 심으면서 그 종류를 고르고 또 그 잔디가 선수들에게 오히려 장애가 되지 않을까 걱정했으며 또 선수들이 투숙할 선수촌에 배치할 요리사를 선발해서 이들을 각 참가국의 현지에 보내어 그 나라의 음식요리에 익도록 했읍니다.

이러한 그들의 노력은 오로지 이 동경 올림픽에서 각국 선수가 자기 나라에 있을 때와 같은 좋은 컨디션을 유지해서 유감없이 자기의 실력을 발휘함으로써 최상의 기록을 수립해 주십사 하는 그 일념 뿐이라는 것이었읍니다. 그 동경 올림픽에서 어느 대회장에서보다 우수한, 아니 최고의 기록을 수립했다는 그 사실이야말로 일하는 그들의 염원이며 찬사이며 자랑이라고 했읍니다.

나는 이 말을 듣고 우리나라에서 국제 경기를 할 때를 생각해 보았읍니다. 경기실황을 보도하는 아나운서는 그야말로 우리 선수들의 승리를 위하여 열띤 성원을 보냅니다. 그 감동

어린 성원은 보도의 영역을 넘어서서 자기도취의 흥분 상태로 빠지기도 합니다만, 우리들은 덩달아 흥분하며 이것을 오히려 만족하게 생각합니다. 저는 이럴 때마다 우리 선수의 승패에만 집념하는 왜소한 마음가짐으로써 국제적인 큰 경기를 어떻게 치를 것인가 걱정했습니다. 좀 더 어른스러운 자세를 취해 주었으면 하는 아쉬움이지요.

그리고 미국이 뉴욕에 건립한 링컨센터가 또한 나에게 하나의 자극을 주었읍니다. 링컨센터 안에는 음악 연주홀, 오페라홀, 음악도서관, 쥴리어드 음악학교, 이렇게 다섯 개 분야로 나뉘어져 있읍니다. 이것을 뉴욕에 건립할 때, 건축 밑으로 지하철이 지나가기 때문에 그 진동과 소음을 막기 위하여 30㎝ 두께의 아연층을 쫙 깔았다고 합니다. 그리고 음악홀을 설계하기 위하여 음악 학자를 서구의 유명한 음악당에 파견해서 그 구조와 시설을 연구케 하고, 이 음악홀이 완성될 무렵에는 그 음향 효과를 완전하게 발휘할 수 있도록 이 방면의 학자와 예술가가 동원되었읍니다. 뉴욕 필하모니의 지휘자인 번스타인이 시종 여기에 참가해서 헌신한 것은 유명한 이야기입니다. KBS의 청소년음악회를 보셨으면 그 시설의 내용과 규모를 짐작하셨을 것입니다. 그런데 이러한 시설의 발상이 미국의 국력을 자랑하기 위한 것이 아니라, 음악에 재능이 있는 세계의 청소년을 모아서 여기서 길러내어 세계의 음악가로 진출시키기 위한 취지라는 것입니다. 지금 쥴리어드 음악 학교에서는 매년 70여명의 청소년을 세계각국에서 뽑아서 교육 시키고 있읍니다. 정경화(鄭京和)양이 이곳 출신임은 너무나 잘 알려진 사실입니다.

이러한 사례는 나에게 이기심과 이타심(利他心)에 대한 현실적인 파악을 가능케 해준 것입니다.

나와 내 나라를 위하여 노력하고 이바지한다는 것은 상식적인 이야기입니다만, 세계를 향하여 생각을 달리고 또 거기에 이바지할 일을 한다는 것, 이 또한 얼마나 신나고 멋진 일입니까. 문학하는 사람들은 언제나 사회비판적이고 저항의식이 강한 사람을 높이 평가하고 있읍니다만, 저는 오히려 관용과 사랑의 눈으로 세계를 바라보고 포용하는 자세에서 일하는 그 사람이 한결 돋보이고 흐뭇하게 생각됩니다. 이것을 나대로 말하라면 이타심에 대한 재인식이라고 할까요.

나는 근간에 우리나라와 일본과의 관계를 추구해보다가 다음과 같은 사실을 알게 되었읍니다. 우리는 5세기 신라시대부터- 그 때의 일본은 쇼오도꾸〔聖德〕태자의 시대였읍니다만- 고구려와 백제를 거쳐 이조시대의 임진왜란까지 자그마치 천여년의 긴 역사를 통하여 그들에게 학문과 불교를 전해주고 많은 불공(佛工)도 함께 보내주었읍니다. 우리는 그들을 침입한다는 생각은 염두에도 두지 않았읍니다. 더구나 임진왜란 때는 포로로 잡혀간 우리나라의 도공들이 백자의 신비를 그들에게 전수(傳受)하여 생산케 해서 일약 도자기 왕국으로 군림케 해주었읍니다. 비록 이러한 댓가가 이조말엽에 합병이라는 미명아래 짓밟히게 된 것이었읍니다만, 오늘날에 와서는 그들에게 베풀어준 우리들의 얼과 자취가 그들의 문화선상에 부각되어 새로운 관심을 모으게 하고 있읍니다.

이러한 우리들의 지난날의 업적과 또 한글 창제, 거북선의 발명 등을 고찰하면 천재란 창조적인 상상력을 가진 사람이라는 보오드레르의 말이 바로 우리 민족에게 적용되어 우리나라야말로 창조적인 상상력을 소유한 민족이라는 자부와 긍지가 솟아납니다.

임진왜란 같은 쓰라린 외침을 당하면서도 우리는 시야를 세계로 돌릴 줄 모르고 방향감각을 상실한 채 36년이라는 고난기를 겪기는 했읍니다만, 6·25동란과 월남전 참전을 거친 우리들은 비로소 세계적인 안목을 갖고 도전에 대한 창의적인 대응으로써 자기의 방향 감각을 되찾았읍니다. 이리하여 우리는 비로소 자주 자립의 형로(荊路)를 개척해 나가는 능력을 갖추게 되었읍니다. 이러한 밝은 전망은 또 다시 우리가 긴 역사에서 보여주듯 남에게 베풀어주기 좋아하는 우리 천성을 다시 발휘할 날도 멀지 않았다는 희망을 나에게 안겨줍니다.

그리고 역사적으로 내다볼 때, 제국주의 깃발 아래서 남의 나라를 침략하는 강대국의 심리는 일본만이 아니라 불란서가 콩고에서, 영국이 인도와 중국에서, 미국이 흑인에게 강행한 인종차별 등, 모두가 동질의 것입니다.

그 중에 일본은 천정 높은 줄을 모르고 교만 때문에 2차대전에서 3백만의 인명을 잃고 그 몇 배의 부상자를 내고 전쟁 전후를 통해서 10년간 물질 결핍과 식량난으로 기아선상에서 헤매는 쓰라림을 받았읍니다. 역사의 심판은 가혹하고 준렬했읍니다.

이러한 나의 사회공부는 나로 하여금 과거에 집착하는 눈을 해방시켜 마음의 궤도에 수정을 가함으로써 사물의 관찰에 감정 개입을 삼가케하는 여유를 가지도록 촉구해 주었읍니다.」

이때 내가 기다리고 있던 손님이 들어왔다. 나도 모르게 노인의 말에 끌려 들어가 귀를 기울이고 있었는데, 그 이상은 더 들을 수가 없었다. 노인들의 심심파적의 대화로서는 그 내용이 너무나 진지하여 「저렇게 나이많은 사람도 자기 응시의 고삐를 늦추지 않는구나.」 하는 생각과 더불어 그 노인들을 다시 한번 돌아보고 층층대를 내려왔다.

〈 78. 봄 〉

기술자의 숙명

산뜻한 바람 속에 봄의 정기를 느끼는 3월 하순.

아침 산책에서 돌아와서 세수를 마치고 수건으로 얼굴을 닦고 있는데, 가게 문을 노크하는 소리가 들렸다.

나가보니 4년 전에 이곳 포항 종합제철을 그만 두고 H양행(洋行)으로 옮겨간 N씨였다.

그는 어느 대학의 원자력과를 나와서 이곳 종합제철에서 6년동안 근무하다가 스카웃 당한 젊은 기사(技士)다. 젊음에서 오는 싱싱함, 건전한 사고, 소박한 생활, 그리고 사진을 좋아하는 취미가 나로 하여금 그와 가깝도록 했었다. 그도 연령의 차이는 있으나 나의 삶의 자세에 공감을 느꼈던지 곧잘 찾아와서 나와 더불어 시간을 즐겼었다.

나는 갑자기 웬일이냐고 반기면서 그를 안으로 맞아들였다. 직원을 데리고 제철 견학을 왔노라고 했다. 새삼 무슨 견학이냐고 의아해 했더니, 이번에 사우디 아라비아에 시멘트 공장을 세우게 되었는데 거기에 보낼 기사들에게 제철을 구경시켜주려고 왔노라 했다.

그가 H양행으로 옮겨갈 당시, 그곳에서 앞으로 원자력 개발을 한다기에 전공 과목을 이루어 보려고 그리로 간다는 말이 생각나서 소망을 이루었느냐고 물어보았다. 아직 손을 못 대고 있다고 했다. 갑자기 늘어난 해외건설 때문에 중동으로 남미로 입찰을 본다, 견적을 낸다, 전기 분야의 설계를 한다, 정신을 못 차리고 뛰고 있다고 했다.

국제 무대에 나가려면 어학 실력이 있어야 할 텐데, 그것은 지장을 받지 않느냐고 했더니, 기술분야의 인재는 그 양성에 10년이 걸리는데 어학은 빠르면 3년, 늦어도 4년이면 되기 때문에 적당한 통역을 데리고 다닌다고 했다.

「사우디 아라비아에서는 이번 공사가 처음인가요?」

「그전에 바닷물을 민물〔담수(淡水)〕로 처리하는 시설을 맡아 했읍니다.」

「담수처리는 막대한 비용이 들어서 섣불리 손을 못 댄다고 들었는데……」

「사우디 아라비아에선 냉수를 스위스에서 실어오고 있읍니다. 소주병 한병에 5백원 합디다. 저는 하루에 두 번씩 마셨읍니다. 그런데 사우디 아라비아는 사막 밑이 유전(油田)이고 유전 밑이 암염(岩壁)이라 비용은 신경을 쓰지 않는 모양입니다.」

이 N씨가 이 곳 종합제철에 입사해서 처음 맡은 일은 용광로 건설 감독이었다. 실무에 들어가기 전 그는 석달동안 일본에 가서 연수(研修)를 받았다고 했다. 그 「연수」라는 것이 아주 수박 겉 핥기 식이더라는 것이다. 알고 싶은 용광로 건설의 문제점과 운영에 있어서의 어려움 같은 것을 물었더니, 이것은 자기들도 배운 것이 아니라 일하면서 체득한 지식이니 가서 일해가면서 터득하라고 딱 잘라버리더라고 했다.

할 수 없이 귀국해서 현장에 나와보니 우리들 기술진이 또 한 말이 아니더라고 했다. 용광로를 건설하겠다는 기사 중에 고압전기에 대한 면허 소지자가 한 사람도 없더라는 것이다.

부득이 자기 방 감독실에 흑판과 의자를 들여 놓고 그날의 작업이 끝나면 일하던 사람 모두를 모아 놓고 전기에 대한 강의를 해가면서 일을 추진했다고 했다. 73년에 1차 설비가 끝나고 그는 현장에서 기획실로 옮겨 가게 되었다.

거기서 한 일을 그는 종합제철을 떠나기 얼마 전에 나에게 이렇게 말했었다.

세계의 우수한 제철의 정보를 입수해서 그 시설의 규모와 양식(樣式), 생산능력, 시설의 장단점을 비교 검토해서 이것을 서류로 체계화했고, 이러한 지식을 토대로 우리 시설과 비교 연구해서 개선점(改善點)을 발견하도록 했다. 그래서 차관으로 새로 건설되는 공장의 설계도를 우리의 주관 아래 재검토해서 취사 선택했고, 또 설계 변경도 했다는 것이다.

그리고 2차 설비 건설 도중에 이미 기획실에서는 3차와 4차의 확장공사까지 플랜을 짜고 거기에 대한 업무를 추진시켰다고 했다.

1차 설비시대를 돌아보면 열연 공장같이 규모가 큰 공장은 단독 건설의 능력이 없어 두 회사가 맡기도 하고, 공사기간

[工期]을 맞추기 위하여는 종합제철의 사장 스스로 현장에서 직원들과 기거를 함께 하면서 주야강행을 했다. 그리고 어느 현장이든 근무시간은 아침 일곱시부터 밤 아홉시까지였다.

 이렇듯 숨가쁜 시련기를 거쳐서 2차 설비에 들어설 무렵, 그의 사람 됨됨이의 분위기는 맹목적인 저돌(猪突)의 자세가 아니라, 여유와 비판의 안목을 갖춘 전문가다운 풍모를 풍기고 있었다. 이러한 변모는 젊은 엔지니어의 기술과 우리의 공업력이 종합제철의 성장과 더불어 호흡을 같이하며 자라나고 있음을 느끼게 했었다.

 잠시 옛 회상에 잠겨 있는 나는 N씨가 여기 온 목적이 종합제철 견학이라는 말이 마음에 걸려서 다시 물어보았다. 그랬더니 그는

「사실은 사우디 아라비아에 보낼 기사들이 자기 업무와 역량에 대하여 자신감이 적은 것 같아서 사람은 누구나 첫술에 배부르는 법이 없고 마음만 굳게 먹고 일을 하다 보면 스스로 자기 역량을 발휘할 수 있다는 사실을 몸소 체험시키기 위하여 여기에 데려왔읍니다. 종합제철이야말로 그러한 산 본보기가 아니겠습니까?」하는 것이다.

 나는 비로소 그의 말 뜻을 알 것 같았다.

 오늘날에 와서 이 거대한 종합제철을 보면 아주 전문가로 짜여진 기술진에 의한 성과처럼 느껴진다. 그러나 이것은 아마추어 학사 기술자와 군(軍)을 나온 장교에 의한 성과가 아니

겠는가.

저 육중한 큰 쇳덩어리를 엿가락 다루듯 하는 일관작업과 지상의 모든 기계를 머리카락처럼 헝클어진 지하의 전기시설이 임의(任意)로 가동시키고 있다는 사실, 그리고 3천도의 고열과 싸우고 있는 용광로의 젊은 기능공의 활동을 보게 되면 같은 젊은이로서 피가 끓지 않을 수 없을 것이다.

더구나 경이에 가까운 이러한 업적이 젊은 의지의 결정(結晶)임을 인식하게 될 때, 감회가 없을 것이 아닌가.

이러한 생산적인 감동을 저 먼 이역의 하늘 아래서 활성화(活性化)시켜 줄 것을 원하는 그의 마음가짐이 내 마음에 와 닿는 것이었다.

「참, 어제 저녁에 포항에 내려서 보니 많이 달라졌읍니다. 제가 여기에 있을 때는 모기와 바람, 부실한 하수구 때문에 아주 질색이었는데…… 몇 년 사이에 완전히 면모를 일신 했읍니다. 우리들 엔지니어는 언제나 조건이 나쁜 곳만 찾아다니며 그곳을 건설하고 손질하고 그 성과도 못 본 채 다시 다른 황무지로 자리를 옮기고, 철새는 생활에 알맞은 곳을 찾아서 옮겨 다닌다고 하는데, 우리는 역경(逆境)만 찾아다니니 이것도 엔지니어의 숙명이겠지요.」

이렇게 말하는 그의 얼굴엔 한 점의 흐림도 없다.

문득 우리들의 앞날은 이러한 젊은 엔지니어들로부터 트여오는 것이 아닌가, 그리고 서정쇄신의 물결을 의식하지 않는 맑은 시대가 이러한 삶에서 형성되어가는 것이 아닌가-이러한 느낌이 나를 감싸는 것이었다.

〈 現代文學 78. 9 〉

시간의 바다

　우리의 삶이 시간에 의하여 이루어지고 결정되며 만물의 성장과 소멸 또한 이 시간의 흐름 속에 결정된다는 것은 이미 주지의 사실이다. 그런데 우리가 한말로 「시간」이라 하지만, 이 시간에 대한 관념과 느낌은 그 생존하는 개체의 조건과 생각하는 밀도에 따라서 천태만상이다.

　그 가장 비근한 예가 기독교에서 말하는 천지창조의 이야기다. 이것은 하느님이 일주일에 우주와 동식물, 그리고 인간을 창조하고 그 이루어진 성과를 바라보며 스스로 보기가 좋다는 말까지 부연하고 있다. 이것은 하루라는 짧은 시간 속에 많은 능력을 성취한 상징의 이야기다.

　그런데 토인비는 그의 역사 연구에서 역사 발전을 이야기할 때 몇 세기 또는 몇 대(代)의 왕조(王朝)를 한 묶음으로서 말하고 있다. 즉, 그는 백 년 2백 년의 세월의 흐름을 어제 오늘의 일과 같은 느낌으로 이야기하고 있는 것이다.

　그 반면, 우리들은 10년의 세월이 멀다 하고, 10년이면 강산도 변한다고들 하고 있다. 이 말에서 풍겨지는 뉘앙스는 우리 민족이 그 어느 시대인가 악착같이 부지런히 일 해 왔음을 암시한 말같기도 하고, 한편으론 조급한 성미에서 측은하게 그 성과를 못 기다리고 조바심을 치는 것 같기도 하다. 그런가 하면, 세종대왕때 창제되었다는 우리 아악을 들어보면 그 템포가 지루할 정도로 느린데, 이것은 옛 우리 민족이 유유한 세월 속에 고요하고 한가한 생활을 영위해 온 것의 반영이라고 한다.

그런데 오늘날에 와서는 모두들 너무 세월이 빠르다고 야단이다. 하루가 그렇고 한 달이 그렇고 한 해가 그렇다고 한다.

나 자신을 보더라도 어제가 이팔청춘 같았는데 오늘에 벌써 백발이 성성하니 스스로 나이를 먹은 것 같지가 않다.

이러한 반면, 우리가 지구에 대한 공부를 해보면 「지질학적 시간」이라는 말이 나온다. 지각의 변천과 대륙의 이동을 설명하는데 있어 천만년 단위를 기준으로 하고 있다. 그렇지 않고는 설명이 되질 않는다는 것이다.

불교에서는 인과응보를 말할 때 당대를 기준으로 하지 않고 전세(前世), 현세(現世), 내세(來世)를 한 단위로 묶어서 말하고 있다. 추상적이기는 하지만 참으로 큰 스케일이다.

자연계의 동식물과 곤충의 세계를 보면 모든 것이 생성했다간 일정한 생활환(라이프·사이클)을 거친 뒤엔 죽거나 소멸한다. 그러나 그들이 이 현실 속에 생존하는 기간은 각양각색이다.

우리가 제일 그 수명이 짧다고 보는 것이 하루살이다. 그러나 이 하루살이도 그에게 주어진 삶의 환을 완수하고 사라진다. 하루를 사는 그는 우리가 느끼지 못하는 시간감각을 소유하고 있는지도 모를 일이다. 현대의 기계공학이 1㎜의 천분의 일의 오차(誤差)를 대상으로 하고 있듯이 초(抄)를 마이크로화해서 생활하고 있는지도 모르겠다.

인간이 종교적인 생활과 사고 방식에서 벗어나 인간 본연의 자세로 자연과 생을 관찰하게 된 것은 다윈의 〈종(種)의 기원〉이후라고 한다. 이 학설로 인하여 「에덴 동산의 신화(神話)」는 무너지고 비로소 우리는 유구한 자연의 참 모습과 시간의 존재에 올바른 시야를 돌리게 되었던 것이다.

그가 일년의 탐험에서 지층 및 바다 속에서 채집한 암석과 얻은 화석, 그리고 각종의 동식물과 어패류(魚貝類)의 표본은 그에게 〈종의 기원〉의 계시를 주었을 뿐 아니라, 이 지층의 형성과 화석은 바로 지구가 간직한 그의 연령의 기록이요, 또한 생명의 누적이었던 것이다.

중세기때 어떤 신부는 지구의 생성을 기원전 4천년으로 발표했다. 그러나 현대의 자연 과학은 심해(深海)의 지각 속의 암석에 동위원소(同位元素)를 쬐어 이에 잔류하는 탄소의 수를 측정하고 탄소 점검법에 의한 계산에 따라, 그리고 대륙의 이동과 지각의 변천을 관찰하여 얻어진 결론으로써 지구의 연령을 50억년, 달의 연령은 우주인들이 채집해 온 암석의 표본 연구에 의하여 40억년으로 추정하였다.

그리고 우리 인간이 이 지구상에 원숭이 모습으로 두 발로

서서 생활한 시초의 인간모습을 확인한 것은 6백50만년으로 추정했다. 이 때는 이미 동물의 신경계통이 뇌로 발달한 이후이니, 그 전의 역사는 헤아릴 길이 없다. 지구에 충만해 있는 무기물이 유기물로 전환하여 생명체를 형성하고 이것이 단세포에서 동식물의 개체로 뻗어나가 사람이 되기까지의 그 진화과정은 아직도 자연과학의 테두리 밖에 놓여 있다.

이러한 아득한 지구와 생물의 진화를 되돌아 볼 때, 7일 사이에 우주를 창조했다는 천지창조설을 다시 생각하지 않을 수가 없었다. 나는 이 신화를 일소에 붙이기에 앞서 여기에 담겨진 두가지 사실에 생각이 미치는 것이다.

즉, 삶의 위협을 느끼는 자연 환경 속에서 추상이 발달하듯이 신화도 창설해낸 그 곳 사람들이 자연의 위협과 삶의 힘겨움에서 자기들의 생활을 보호하고 뒷받침해 줄 존재를 동경하고 갈구하다가 그것이 전위(轉位)되어 이러한 절대자(絶對者)의 창조설을 탄생하게 된 것이 아닌가 하는 것이다. 여기에 가상된 하루는 오늘날 우리가 생활하는 기준의 하루가 아니라 신의 능력이 한 단계 매듭짓는 일을 기준으로 한, 장단(長短)의 매김이 없는, 신에게만 부여된 신의 시간관념이 아니겠는가 하는 생각이다.

이러한 시간관념은 저 조이스가 쓴 현대소설〈젊은 화가의 초상〉에 구현된 시간과는 상반되는 대조적인 시간관념이다. 조이스는 인긴의 의식이 느끼는 감각적인 순간의 사건을 주관적이고 심리적인 시간으로 바꾸어 놓아 이것으로 소설을 성립시켰다. 그것은 인간이 느끼는 가시적(可視的)인 순간이 의식을 통하여 느껴지고 음미되어 내면화 함으로써 새로운 세계로 변혁된 것이다. 이것은 순간을 무한으로 확대한 주관적이고 심리적인 시간 세계에서 영위되는 또 하나의 세계인 것이다. 마치 하루살이가 생활하는 저 미지의 시간 세계와 같은 삶의 기록이라 할까.

우리는 밤 하늘의 별과 은하수를 바라볼 때, 그 영롱함에 아득함보다는 너무나 가깝게 손이라도 닿을 수 있는 것 같은 착각을 느낀다. 그러나 이러한 별과 별의 거리를 말할 때, 일초에 30만킬로를 달리는 광속(光速)을 기준으로 한 광년(光年)을 사용하고 있으니, 여기에도 우리의 감각과 상상을 벗어나는 또 하나의 시간 세계가 존재하는 것이다.

나는 이렇게 시간관념에 대한 양상을 쭈욱 둘러보면서 이 시간을 「나」라는 인간존재에게도 비추어본다. 흔히들 자기라는 존재는 아무런 목적의식이 없는 우연한 탄생으로 보는 경향이 있다.

그러나 비록 현재 「인생 60」이라는 가시적인 짧은 삶을 영위하고 있으나 내가 형성되기까지의 아득한 그 시간과 보이지 않은 그 어떤 수고와 힘을 생각할 때, 내 존재에 대하여, 나아가서는 모든 인간의 존재가치에 대해서 새삼 외경(畏敬)의 마음을 금할 길이 없다.

어머니의 몸안에서 정자와 난자가 결합, 분할(分割)을 시작하여 「나」라는 형태가 이루어질 때까지, 모든 생물이 단세포로부터 고등동물로, 거기에서 다시 인간으로 진화하는, 그렇듯 기나긴 과정을 한 차례 재현한 후에야 비로소 「나」라는 존재가 태어난다. 비록 내가 천구백 몇 년 아무날 비로소 이 지구상에 현실적인 존재로 태어나기는 했으나, 「나」라는 개체가 되기까지는 몇 백만년의 생성 과정을 내 안에 실현하고 그 흔적을 탈피한 후에야 비로소 내가 탄생된다는 것이다. 내 개체는 바로 몇 백만년의 시간의 응고체인 것이다.

이러한 모든 시간관념에서 내 개체에까지 시야를 돌려볼 때, 나는 자연의 한 물체로서도, 또 인간이 미래에 궁극적으로 도달할 정신, 인간의 형성과정을 걸어가고 있다는 사실에서 새로운 내 위치 확인이 느껴지는 것이다. 내 존재를 우연한 생명체로만 볼 수 없는 어떤 사명감 같은 것이 나를 숙연하게 만드는 것이다.

그리고 하루살이에서 우주의 운행에까지 그 각자가 제나름대로의 시간 단위 속에서 자기를 규제하며 성장시키고 있다는 사실을 감득할 때, 나의 시야는 새롭게 넓어지며, 이 시간 안에 포용된 모든 사물의 기복(起伏)이 새로운 의미를 가지고 나에게 다가오는 것이다.

〈 79. 2 〉

4
寫眞藝術論

세계의 사진화

전통과 고전 위에서

현대 사진에 대한 小考

'58 朝日國際寫眞살롱 入選作 풍선

세계의 寫眞化

序論

국전(國展), 동아(東亞)콘테스트, 국제사진쌀롱 등 정기적인 공모전(公募展)의 개설로 사단(寫壇)은 활발한 움직임을 보였다. 많은 신인이 여기에 참가하고 또 이를 통하여 많은 신진사진인(寫眞人)들이 배출되었다. 그와 더불어 자기의 작품세계를 새롭게 개척해 보려고 하는 노력도 두드러지게 나타나게 되었다.

필자는 이러한 새로움을 찾는 사진인으로 하여금 다같이 기본적이고 일반적인 창작사상을 고려하여 자기 갱신에 이바지 하고자 이 글을 쓰게 되었다.

우리들 사진인은 카메라의 기계성에 의존하는 도(度)가 짙으므로 일반적인 예술문제에는 별반 관심을 가지지 않은 경향이 있다. 그러므로 사진이 국전에 가입할 때도 「〈찰깍〉하면 되는 사진이 무슨 예술이냐」하고 일부에서 우겨대는 말에 그저 선진국에서 사진을 다른 분야와 동등한 대우를 하고 있고, 또 각국에서 국제적으로 사진 작품을 모집하여 전시하고 있는데, 이제 새삼스럽게 사진의 예술 운운함은 인식 착오라고

만 반박했을 뿐, 예술의 본질적인 측면에서 이것을 반론하지는 못하였다.

그러나 해외의 저명한 예술가와 미술 평론가들은 사진의 예술성 여부를 조형예술(造形藝術)의 본질론에 입각해서 다루고 있다. 그러므로 앞으로 사진작가 자신의 발전을 위해서나 또 사단의 발전을 위해서도 이러한 문제는 한번 진지하게 다룰 필요가 있다고 생각한다.

그러므로 사진과는 가장 가까운 사이에 있는 2차원의 공간(空間)미술로써 5만년이라는 긴 역사를 갖고 있는 조형예술을 통하여 진정한 예술이란 무엇을 말하는 것인가? 자매예술가와 그 평론가들은 무엇 때문에 사진을 예술로 보기를 꺼려하는 것일까? 이것을 밝히고, 나아가 우리들은 앞으로 어떻게 자신들을 개척해 갈 것인가 하는 문제를 다루어 보고자 한다.

Ⅰ. 창조 예술

1. 조형예술과 우리 인류와의 관계

예술은 도락(道樂)도 사치도 아니며, 인간의 본성에서 출발하고 있다.

우리 인간에게는 선천적으로 보는 것을 기록해 두려고 하는 마음과 무엇을 만드는 일에 기쁨을 느끼는 소질을 갖고 있다. 예술은 이 외부를 인식하는 과정에서 생략 또는 추상의 「비전」이 첨가되어 기술적 처리가 될 때 비로소 이루어지는 것이다. 이러한 예술적 충동은 역사의 진행과 더불어 우리의 의식(意識)을 발전시켜 정신의 성장에 기여하고 있다.

이에 대하여 허버트·리이드는 이렇게 말하고 있다.

「예술은 세계를 육감적인 이해 내지 조형적으로 인지(認知)하는 것이다. 그 목적은 생을 영위하고 있는 만상(萬象)에 대하여 우리들의 감각을 증대하고, 현실에 대하여 우리들의 의식을 발전시킴에 있다. 이러한 의미에 있어, 그것은 우리들의 진화론적인 의지개념(意志槪念)의 일부가 되고, 또 이러한 정복(征服)의 경험에는 육체적인 동시에 정신적인 기쁨이 있다. 인간의 미적 현상 파악은 결정적 모든 단계를 보여주고 있다. 이것은 반드시 예술사에 있어 연대적인 순서로 있다고는 할 수 없으나, 이 단계는 명확한 생의 양태(樣態), 존재, 혹은 경험에 의한 인간적 영감(靈感)의 영역에서 인간의 의식이 잘 정복하고 있다.」

그리고 앙드레·모로아는 예술과 우리 인간과의 관계를 「예술은 덧없는 우리 인간과 절대적인 신과의 사이에 제 3세계를 마련하고 이에 봉사하는 것이다」라고 말하고 있다.

한말로 그들은 예술은 취미와 오락, 그리고 장식과는 스스로 그 본질[차원]을 달리하는 것으로써, 진정한 예술은 취미성을 벗어나는데서 부터 비롯된다고 말하고 있는 것이다.

2. 독립된 예술의 조건과 가치 이념

조형예술은 역사와 가치의 질서가 서 있고 자기의 조형언어가 형성되어 있다. 바꿔 말하면, 조형예술은 전통이 있고, 작품의 가치를 판단할 이념이 서 있고, 창조의 원리와 자기 미학이 수립되어 있다는 것이다.

조형예술에 있어서도 지난 날에는 서구에서는 사원의 승려들이, 그리고 동양에서는 학자들이 예술의 가치를 이념적으로 다시 말하면 철학적인 뒷받침으로 파악하고자 노력한 바 있었으나, 완전한 체계를 이루지는 못했었다. 그러다가 19세기 후반기부터 20세기 초엽에 걸쳐 세계의 각처에서 동굴회화(洞窟

繪畫)를 비롯해서 유적과 유물들이 발견·발굴됨에 따라 제작 당시의 종교적·의식적(意識的)·기념비적인 가치를 넘어서 하나의 작품으로 환원되어 새로운 의미에서 보여지게 되었다. 그리고 또 사진의 발명으로 이러한 작품이 광범위하게, 정밀하게 복제화(復除化)됨에 따라 이 모든 작품이 시공(時空)의 장애 없이 한 자리에서 비교·대조 되어 새로운 체계를 이룩하게 되었다.

즉 새로운 각도에서 고딕 예술을 발견하게 되고, 이것이 낭만주의에 끼친 영향력을 이해함과 더불어 이집트와 유-프라테스의 예술을 발견하게 되었다. 다시 라파엘 이전의 벽화(壁畵)를 발견함과 아울러 16세기에서 15세기로, 15세기에서 14세기로 거슬러 내려 가서「토스카-나」의 예술을 발견하고, 램브란트와 베라스케스를 대립시킴에 있어 양식의 이념이 고려되고,「비잔틴」예술의 발견을 통해 새로운 이념을 체험하게 되고, 여기에서 예술 작품에 대한 새로운 이념이 서게 되었다.

예를 들면, 16세기부터 19세기까지는「걸작」이란 아무리 상상력을 다 하더라도 그 이상은 더 완성시킬 수 없다는 의미에서 씌어 왔었다. 그런데 오늘날에 와서는 특수한 양식의 정점(頂點)을 가는 예술가와 그 자신의 전위성(前衛性)의 정점으로 해석되는 것이다. 그래서 모든 작품이 이러한 관점에서 추려져 새로운 빛을 받아 진정한 예술 작품으로써 미술관으로 옮겨지거나 인류의 문화 재산으로 수록되어지게 되었다.

그리고 이러한 예술은 그 발상지에서 때와 장소를 달리해 나감에 있어, 반드시 변모(變貌)·소행(溯行)·「프리미티브」의 3원칙 아래 새로운 창조로서의 시작이 되었다.

3.「포름」의 양식화(樣式化)와 시적(詩的) 표현

이와같은 과거에로의 소급은 멀리 구석기시대의 동굴회화를 비롯해서 신석기 시대의 추상예술, 이집트의「코프트」예술, 희랍의 고대와 고전예술, 인도의 불교 예술, 멕시코의「프레콜롬비아」예술, 중국의 동물예술과 송대(宋代)의 회화, 당(唐)·수(隋)시대의 석불(石佛)조각, 구라파의 비잔틴 예술과 로마네스크, 고딕의 종교예술, 인본주의(人本主義)에 의한 르네상스,「마네」이후의 개인주의에 입각한 근대와 현대 예술, 중앙아시아의 유목민의 스텝 예술, 아프리카의 흑인 예술, 그리고 미니아출, 스탠드·그라스 타피스리 등의 다양한 예술을 발견해 내었다. 또한, 그것들이 각기 갖가지 예술 양식의 정점을 가는 작품들임을 알게도 되었다.

이러한 예술작품을 놓고 볼 때, 예술은 철학에 선행해 있었을 뿐만 아니라, 철학의 방향을 규정짓기까지 했었다. 그리고 인간의 조형 의지는 선천적으로 사실(寫實)과 추상을 양극(兩極)으로 갖추고 있나는 사실도 알게 되었다.

이러한 양식의 발견과 정점의 발견은 결국 예술이란 포름의 양식화요, 또 시적(詩的)표현을 이룩한 것이라는 사실을 일깨워 주게 되었다.

　「포름」이란 「유기적인 통일성을 가진 생동하는 구성체(構成體)」라는 의미이고, 양식이란 세계를 발견하는 인간의 가치에 따라 세계를 재창조하는 수단임을 가리키는 것이다. 시적 표현이란 시적 세계의 표상(表象)을 추구하는 것이 아니라, 세계를 시적 표현으로 추구한다는 의미이다.

　말하자면 여기에서의 시적 표현이란 문학적인 등가물(等價物)이 아니라, 조형적인 의미의 시(詩)를 가리킴은 두 말할 나위가 없다.

　그러므로 그들이 말하는 예술가란 이러한 「포름」을 양식화한 사람, 또는 세계를 시적으로 표현한 사람을 가리키는 것임을 알 수 있다.

4. 공통된 창조의 이념

　이러한 모든 양식을 창조해낸 예술가들의 예술 심리를 관찰 해 볼 때, 거기에는 공통된 창조의 정신이 시대와 지역을 초월해서 공존하고 있다는 사실을 발견할 수 있게 된다. 다시 말하면, 현실적인 양식을 추구한 사람이든 이질적인 양식을 마련한 사람이든 다같이 외적·시각적인 객관 세계와 「모델」에 충실하기를 거부하고, 오히려 외적 세계를 생략하는 「비젼」 아래 분석·해체해서 다시 통일시킴으로써 결합된 새로운 세계, 또는 「리얼리티」를 재창조하는 공통된 정신을 볼 수가 있는 것이다.

 이것을 구체적으로 예시(例示)하면, 가령 흑인 예술가가 영양의 넋을 위로하기 위해 어떤 형체를 마련한다고 치자. 이런 경우, 영양의 영혼이 암시되어 있어야 하므로 도형화를 꾀하게 된다. 그들의 예술이 도형화 하는 것은 그 때문이다.

 그러나 이 도형은 하나의 기호(記號)를 벗어날 수 없는 위험성이 있기 때문에 예술가는 이 기호에서 하나의 「포름」을 뽑아내려고 한다. 이는 흑인 조각의 천재(天才)가 어떤 양식의 통일성 가운데 모든 포름을 질서화 하려는 태도이며, 이것은 바로 서구의 천재들의 수법과 동일한 것이다.

 그리고 중국의 예술가가 생각하고 있는 자연을 묘사하는 — 외계에 닮는다는 — 것은, 예술은 영생(永生)을 위하여 인간적인 조건에서의 해탈(解脫)을 의미하는 것이기 때문에 그러한 「무엇에 닮는다는 것」은 예술과는 무연(無緣)한 것이다. 그것은 기호에 불과하다. 중국의 예술가가 파악하고자 하는 「닮음」, 이것은 하나의 얼굴, 한 마리의 짐승, 하나의 풍경, 한송이의 꽃이 숨기고 있는 것, 암시하고 있는 것, 또는 의미하는 것에 닮게 한다는 정신을 말하는 것이다. 또 비잔틴 예술에서 세계를 초인적인 가치에 따라 구성하기 위하여 비잔틴 예술가들이 이콘[聖像]의 포름을 형성하는데 있어 시각적·사실적인 인간상(人間像)을 거부하고 성스러운 것을 만들기 위한 자기들의 비개인화(非個人化)의 양식에 의해서 이를 변혁·창조하는 정신과 같다. 그리고 또 멕시코, 이집트, 니니이프(앗시리아 首邑)의 예술가들이 사물을 장대하게 보고 또 전체적인 면에서 보고자 하는 비죤의 만성(蠻性) — 종합적이고 환상적 — 으로 표현된 정신과 같으며, 「로마네스크」예술이 견고하고 힘찬 블록[塊]에 장엄한 변모(사람의 얼굴을 길게 잡아 늘이고 또는 비꼬아서 표현하는 양식)를 이룩함과 같다. 이러한 정신은 또한 이질적인 — 현실적인 것을 표상함을 거부하는 — 의도에 의해서 마련되어 현대 예술과도 그 맥이 통하는 것이다.

그리고 이러한 예술가들이 추구해서 양식화한 포름은 영원한 것에 봉사하고자 하는 염원의 표현이다. 그것은 곧 오늘날 현대 예술이 중세기적인 신에게 봉사하는 종교적인 정신은 볼 수 없으나 역시 「우주의 하모니를 포름화」 (영국의 팬니콜슨)하고 「회화(繪畵)자체를 영원화·절대화」 (세잔느·피카소 등) 하려는 정신은 역시 이러한 예술가 정신의 계승된 발로라고 할 수 있다. 예술가가 이렇게 세계의 표상을 변화하고자 하는 근본 정신은 오로지 그가 자유로이 되기를 희구하는 세계를 만들기 위함에 있는 것이다.

II. 사진에 대한 비판

사진을 이러한 창조예술과 견주어 볼 때, 역사가 짧아서 아직 전통을 말할 수 없고, 따라서 가치 판단의 기준이 서 있지 않다.

또한 사진은 「포름」을 창조하는 예술이 아니라, 객관세계를 잘라서 선택·기록하는 것이다. 다시 말해, 세계를 시적으로 표현하는 것이 아니라, 시적 세계를 기록 또는 표상하는 단계에 있고, 아직 자기의 창조 원리가 서 있지 않은 것이다. 그러므로 브레쏭도 「사진은 창조의 예술이 아니라 인식의 예술」이라고 지적하였다.

그리고 오늘날 사진이 걸어가고 있는 대부분의 길이 2차원의 면을 「씬」(場面)화 또는 「픽션」화 한 것인데, 이것은 조형예술이 밟아온 세 단계 — 지난 날은 성스런 우주(宗敎的)를 창조하는 수단이었던 것이, 몇 세기 동안은 가공적(架空的)=(픽션)인 세계를, 지금은 변형된 우주를 창조하는 수단 중 중세기의 가공적인 세계 — 현실적·행동적·일화적(逸話的)·설명적인 세계를 그리는 회화 정신과 결부되는 단계에 놓여 있음을 알 수 있다.

그러나 이 사진의 「픽션」화에 대하여 앙드레·모로아는 다음과 같이 사진의 제약성을 말하고 있다.

「사진은 무희(舞姬)가 도약(跳躍)하는 그 한 순간의 이미지를 파악할 수는 있으나, 십자군(十字軍)의 '예루살렘 입성(入城)'을 이미지화 하는 것은 불가능하다. 영화(映畵)의 출현(出現)으로 운동을 파악하고자 추구하는 것은 회화에 있어서나 사진에 있어서나 같은 지점에서 정지하고 말았다.」 그리고 허버트・리드는 순간의 파악에 대하여 「순간 사진은 운동을 표현하지 못한다. 왜냐하면, 그것은 운동을 억제하고 운동의 역동적(力動的)인 선(線)을 전혀 표현하지 못하고 주제를 부동화(不動化) 혹은 경직(硬直)시키기 때문이다. 운동의 표현은 지금 막 완료한 운동과 이제 곧 시작하려는 운동의 쌍방을 표현하지 않으면 안된다」고 하였다.

사진의 예술성에 대하여는 H・리드가 가장 강경한 어조로 부인하고 있는데, 「들로끄로아」도 그의 예술론에서 「사진기로써 촬영한 초상화에는 우리들의 주의를 끌고 우리들에게 매력을 느끼게 하는 선과 형(形)의 규율이 없다. 얼굴의 표상뿐으로써 그 특징이 없는 것이다. 특징이란 모든 사람이 다 가지고 있는 것인데, 그러므로 우리는 잠깐의 곁눈질로써도 그것이 누구인가를 알 수 있으나 기계로써는 그 특징을 잡을 수가 없다.

사진의 능력이란 어떤 부분에 있어서는 놀랄만큼 진실을 파악할 수 있으나, 그것은 역시 진실의 반영에 불과하고 또 복사(複寫)에 지나지 않는다. 거기에는 참으로 정확한 것이 가지고 있는 일종의 힘이 결여되어 있다. 사진은 문학의 언어적인 의미에 있어서는 자연 그 자체라고 할 수 있으나, 정상적인 의미에서 그것은 언어도단이라고 할 수 밖에 없다.

　사진기가 재현하는 바 그 모든 결점은 우리들이 이러한 기계의 매개를 통하지 않고 직접 자연의 대상에 접했을 때는 전혀 우리들의 눈을 거스르는 것이 되지 않는다. 이는 사진기의 엄격한 원근법(遠近法)이 발견하는 짓궂은 여러 가지 부정확을 우리들의 육안이 교정하기 때문이다.」라고 말하고 있다.

　유이스만도 순간 사진에 대하여「정밀한 사진기로써 몇 백분의 일초라는 순간에 기록한 자세 ─ 다시 말하면 가장 현실적인 포즈 ─ 가 우리들에게는 거짓의 포즈, 동결(凍結)된 포즈로 보인다. 그것 보다는 모순(矛盾)에 찬 예술(미술) 작품의 동작이 오히려 진실하게 보인다」라고 했다.

　그러나 A·모로아는 픽션에 대하여는 사진의 제약성을 말하면서도, 사진이 예술이 될 수 있는 가능성, 그리고 사진과 회화와의 나뉠 수 없는 관계를 〈예술의 심리〉라는 그의 저서에서 다음과 같이 서술하고 있다.

　「사진은 사진기에 의해 표상된 사물에 따르기는 하지만, 그 이전의 기존(旣存) 예술에 의존하고 있는 것 같지는 않다. 화가는 회화를 사랑하는 사람에게 국한되어 있으나, 사진가는 반드시 '사진을 사랑하는 사람이 아니면 안된다'는 법이 없다. 적어도 예술에 대한 관심을 가지지 않는 한…….

왜냐하면, 초기의 사진은 회화에서 출발하고 있기 때문이다. 최초의 원판(原板)을 자세히 보면 그것은 진정한 '기록된 현실'이 아니고 거짓 정물(靜物), 거짓 풍경, 거짓 초상화, 거짓 풍속인 것이다.

사진은 그 기원에 있어 양식과 표상의 문제에 부딪쳐 왔었다. 사진가는 그 정물의 구도를 잡을 때, 구도를 잡는 그 순간부터 회화와 부딪치는 것이다.

인간은 〈햄릿〉을 쓰기 위하여 문자를 사용하고, 혹은 무엇을 마시고 싶을 때 언어를 사용함과 같이 사진을 찍는 것도 예술적 의사(意思) 또는 이미지를 보존하고 싶은 욕망이라 할 수 있다. 그러나 사진은 표현의 영역에서 발달하기 이전에 '추억의 수단'으로서 발전하고 있다. 아마튜어의 사진은 하나의 표상이지만 그것은 기호(記號)이다.

그것이 예술이 되기 위해서는 어떤 감정의 기호에 그칠것이 아니라, 그 감정 자체의 표현이 되지 않으면 안된다. 다시 말하면, 그 자신의 감정을 전달할 수 있는 것이 되지 않으면 안되는 것이다. 따라서 사진은 기호이면서도 예술의 입장을 가지려고 애써왔다. 그리고 사진은 기호와 예술을 구별 짓는 한계가 기계적 조작(操作)과 특수한 의사의 구별에 의해서 분별된다. 자기의 유일한 의사를 표현하기 위하여는 사진가는 회화의 문제에 다시 부딪치지 않을 수 없는 것이다.

그래서 구도의 문제는 '레이·아웃'의 그것이 되고, 이상화와 성격의 표현은 조명(照明)에 의한 것이 되고, 움직임은 '스냅·쇼트'가 되었다. 이리하여 사진은 말하자면 '하나의 분리된 현실의 포로'가 되었으나 또 이 고립(孤立)에 의해 그 의의를 가지게 되었다. 세계의 자율성을 깨뜨림에 있어서 역시 좋은 사진에는 양식(樣式)이 있다.」

깊이 음미해 볼만한 말이다.

III. 세계의 사진화(寫眞化)

위에서 밝힌 그들의「사진은 재현예술, 또는 표현이 아니고 표상」이라는 말을 종합해서 생각해 볼 때, 사진을 예술 이전의 예술, 즉 민중 예술이나 소박(素朴)예술, 작은 예술, 그래서 음악에 있어서의 경음악과 같은 위치에 놓고 논하고 있음을 짐작할 수 있다.

또 사진은 예술이 아니라는 진의(眞意)는 발레리가 말하듯「제작하는 데에 한 사람의 인간의 능력 전부가 씌어짐이 필요하고, 그 결과인 작품을 감상하는데 있어서도 또 다른 한사람의 능력 전부가 자극되어 작품 이해에 노력을 필요로 하는 예술」, 그리고「예술사에 참여해서 역사의 시련에 견디고, 나아가서 인류의 문화재산을 이룰 수 있는 창조적인 거장(巨匠)의 예술」이 아니라는 점을 지적해서 말함을 알 수 있다.

그들이 구석기 시대부터 오늘날까지 5만년에 걸쳐 그 숱한 작품 중에서 진정한 인류의 문화재산으로 추려넣은 목록을 볼 때, 예술이란 말을 얼마나 아끼고 또 엄격하게 가려 쓰고 있는가를 알 수 있다.

그러나 사진이 비록 소재(素材)의 재현에서 출발해서 이제까지 백년 남짓한 역사 밖에 갖지 못하고 있다 하더라도 이미 몇몇 사진가가 사진의 가능성을 발굴해서 자체 유산(遺産)을 남겼고, 또 「아마추어」들이 사진을 기록·기호의 영역에서 표상의 영역까지 올려 놓아 자기의 특수의도와 느낌을 표현하는 단계로 비약시키고자 노력하고 있음을 볼 때, 사진하는 사람들의 앞날의 주체성 여하에 따라 사진을 진정한 표현 예술로 이끌고 나갈 수 있다는 사실은 예상하고도 남음이 있다.

더구나 음악이 아니라고 경멸을 받는 째즈도 커슈인 같은 천재를 만나면 순수음악으로 비약하고, 또 소박 예술도 일요화가 앙리·룻소같은 천재를 만나면 진정한 예술로 새로운 전통을 이루고, 초부(樵夫)의 노래인 민요도 발트오크 같은 천재를 만나면 새로운 음악으로 승화하는 예술계의 기적이 있는 것이다. 그러므로 사진도 모든 색채에 대한 영감과 또 색채를 초월하여 신비감을 주고 있는 흑백(黑白)의 진정한 의미를 파악해서 특수한 의사를 표현할 수 있는 사진적인 길을 이룩할 천재만 배출 된다면 이 또한 새로운 예술의 기틀을 마련하는 기적을 가져올 수 있다고 본다.

이쯤에서 결론적으로 다시 생각키우는 것은 역시 어떻게 하면 사진을 이러한 길 위에 올려 놓을 수 있을까 하는 것이다. 이러한 딜레마는 조형예술에 있어서도 볼 수 있다. 건축의 장식물에 지나지 않던 조각이 독자적인 분야를 성취할 때까지, 그리고 「씬」의 표상과 픽션의 추구에서 헤매던 중세기 회화가 현대 회화로 빠져나오기 까지도 이러한 진통을 겪었었다.

조각은 촉감(觸感)을, 감각적인 촉감각(觸感覺)과 내촉감적인 감각을 중량(重量)과 맛스에 의해서 포름화함으로써 독립된 예술로 자기 미학을 수립했고, 회화 역시 마네가 그림을 「세계적 회화」에서 탐구해서 사물을 이탈한, 다시 말하면 시각과 촉감을 포름화 하는 것이 아니라, 기억상(記憶像)과 면(面)을 다이나믹하게 교착(交錯)시키는 창조에서 현대 회화의 길을 얻은 것이다.

사진에 있어서도 오늘날 불가분의 관계에 있는 회화의 미학에서 사진적인 것을 새롭게 받아들이고, 영화가 가지는 사실(事實)의 기록이 자아내는 의미와 영상(映像)에 의한 역사적이고 시대적인 감각을 터전으로 해서 「사진적인 가치의 마련」-이것을 조형 언어로 말하면 「세계의 사진화」-을 꾀하면, 여기에 새로운 가능성이 열리게 될 것이다. 나아가서 이것이 한 예술로서의 실질적인 독립성과 그 자체의 창조적인 원리와 평가의 기준을 가진 예술로서 독자적인 미학을 수립할 수 있다고 생각한다.

회화는 선(線)·면(面)·형태·색채·명암과 서체(書體)로써 상징과 추상의 두 표현방식을 획득해 나감으로써 그들의 길을 개척하였다.

사진 역시 이러한 시각언어를 벗어날 수 없으므로, 이를 능숙하게 구사할 수 있는 안목이 요청된다. 그러한 안목으로 외계를 칼라적으로 또는 흑백으로 번역해서 카메라가 갖는 기계성과 감광재(感光材)가 갖는 특수성을 계산·융화시켜 시적 세계를 창조해야 한다. 또한 그 기록된 현실이 격조 높은 인간성에 빛나고, 작가가 가진 개성과 특수한 기질의 이미지 및 직감으로 하여금 사진적인 표현을 이룩하도록 끌어 올리면 여기에 스스로 자기 발전의 길이 트여지리라 믿는다.

　더구나 사진은「소재의 자유 선택」이라는 다양한 표현의 가능성을 부여받고 있기 때문에 작가 자신의 감수성만 풍부하면 자매 예술가와 같이 구상과 추상을 양극(兩極)으로 한 작품 제작을 얼마든지 폭 넓게 할 수 있다고 본다.

　여기에서 다시 유의할 것은 이러한 것이 어디까지나 회화의 모방성과 추종성을 탈피해서 사진 독자의 길을 마련해야 한다는 점이다. 그러기 위해서는 먼저 조형예술 속에 영구히 군림하는 창조의 갖가지 법칙은 물론, 표현의 절도(節度)를 흡수해서 이것을 줏대로 삼아, 무엇이 사진적이며 회화적인 것인가를 가려낼 수 있는 자체 비판력을 길러야 할 것이다. 이것이 바로「세계를 사진화」하는 길이 될 것이며, 사진을 진정한 예술로 발돋움 시키는 첩경이 될 것이다.

〈 寫眞藝術 66. 8~9 〉

傳統과 古典 위에서

1. 서론

 어느 분야이든 그 분야에서 진지하게 작품활동을 하는 작가이면 그 분야의 전통과 고전에 대한 연구는 물론, 자매 예술의 분야에까지 그것의 연구가 필요하다.
 그것은 오늘날 우리에게 주어진 고전과 전통이란 오랜 역사의 시련 속에서 생명력을 가지고 남아 처져, 우리에게 미감을 충족시켜 주는 요소와 영감을 불러 일으키는 영양소를 지니고 있기 때문이다. 뿐만 아니라, 예술은 무엇이며, 예술은 어떻게 발전해 가느냐, 하는 것을 시사해 주는 법칙을 간직하고 있기 때문이다.
 그러므로 전통과 고전을 떠나서는 예술의 새로움과 독자성을 규정 지을 수 없고 발전할 수도 없는 것이다. 고전과 전통이란 바로 모든 작품의 접촉과 대비(對比)에서 이루어진 절대의 화폐이며 이정표인 까닭이다.

2. 예술 발전의 양상(樣相)

우리가 가장 잘 아는 음악계의 거장 베토벤의 작품을 살펴볼 때, 거기에는 그의 독자성을 이루기 전에 하이든과 모짜르트의 영향을 볼 수 있다. 또한 현대음악이라고 하는 「무조음악(無調音樂)」의 작품을 보더라도, 거기에는 드비쉬와 바그너의 영향을 거쳐 쉔베르크에 이르는 계보를 볼 수 있다.

조형 예술에서도 우리가 가장 잘 아는 피카소 하면 거기에는 세잔느와 흑인 예술을 볼 수 있고, 세잔느 하면 마네와 모네를 거슬러 볼 수 있다. 또한 로뎅의 조각에서는 희랍의 조각을 볼 수 있고, 석굴암의 보살상에서는 인도의 아잔트 예술(무용예술)을 볼 수 있다.

이렇게 고전과 전통은 시공(時空)을 초월하여 어느 예술가의 영감에 부딪쳐서 다시 소생하는 것이며, 그 소생의 법칙은 변모와 새로운 양식의 형성에 있다.

그리고 음악이 초월적인 존재, 신을 찬미하고 기도하는 그레고리안에서 출발하여 「르네상스」 시대에 바하·하이든·모짜르트를 거쳐 베토벤에 이르러 문학적인 요소를 불러들임으로써 형식미에서 내용미로 비약하였고, 이것이 다시 조형예술의 영향 아래 현대 음악의 일부를 형성하게 되었다.

이러하듯이 사진도 그 성장의 역사는 비록 짧지만, 그래도 탄생 후 회화의 영향을 받고 있던 것이 회화주의(繪畫主義)를 벗어나고 부터는 신즉물주의(新卽物主義)·사실주의(寫實主義)·주관주의(主觀主義)로 발전하여 오늘날의 포토저널리즘을 낳았고, 더 나아가 이미지와 시의 표현으로 비약하고 있다.

이러한 것은 모든 예술이 다 같이 그 시대와 문명의 흐름 속에서 형태의 영향을 받고 내용의 지배를 받으면서도 자기 성장을 위하여는 모든 영양소를 다양하게 흡수하여 독자성의 구축을 위한 발판을 삼고 있음을 말해주는 것이다.

3. 사진의 회화성과 문학성

사진은 탄생할 때부터 두 가지 운명을 지니고 있었다. 회화성과 문학성이다.

사진은 음악처럼 초월적인 존재의 찬양에서 발상한 것도 아니며, 그림과 같이 구석기시대의 유일한 생존방식인 수렵의 성과를 기원하는 절실한 염원에서 출발한 것도 아니다. 근대 과학의 메카니즘 속에서 조형예술의 계보에서 파생되어 기계적인 기록을 토대로 하고 회화와 문학의 영양소를 섭취하면서 사진은 자라가고 있다.

사진이 회화와 나눌 수 없는 관계에 놓여 있는 것은 첫째가 다같이 2차원의 시각 예술인 데에 있다. 그리고 둘째가 조형 예술이 이룩한 조형 언어를 그대로 사진 언어로 답습하고 있는 데에 있다.

아무리 우리가 일순의 순간을 정착시킨다 하더라도 그것이 우리에게 감정이입(感情移入)이 되는 것은 기본적 조형 언어가 주제를 에워싸고 통일과 조화와 질서를 이루어 새로운 리얼리티[現實]를 실현 할 때이므로, 이 조형 언어에 대한 이해는 바로 사진에 대한 회화성의 이해가 되는 것이다.

우리가 사진이나 그림을 분석해 보면 거기에는 이것을 구성한 공통 분모가 있음을 알 수 있다. 바로 선(線)·면(面)·괴체(塊體)·형태·명암[톤]·색채·질감(質感) 등이다.

선에는 수직선·수평선·대각선 등이 있고, 또 그것은 운동과 맛스[塊體]를 나타내기도 한다.

면에는 원(圓)·원추·원통과 3각·4각 등의 기하학적인 것이 있고, 형태는 어떤 물체의 모습을 그대로 나타내기도 하고 눈에 보이는 양상을 그대로 나타내기도 한다.

색채는 원색과 중간색 등이 보색(補色)·대조(對照)·비례·조화·한난(寒暖) 등의 관계로 씌어지고 있다. 이러한 모든 것이 연하고 거친 질감으로 형성되기도 하고, 또 미묘한 명암을 이루기도 한다.

이러한 조형언어는 오랜 역사 속에서 자라왔기 때문에 스스로 어떤 개념과 약속을 가지게 되었다.

예를 들면, 수평선은 안정과 평안, 수직선은 숭고, 대각선은 노력과 불안, 원은 원만·충족, 3각은 종교적 감정, 4각은 안정

감 등이다.

　색채에 있어서는 원색은 강렬·자극·격정, 명도(明度)가 높은 중간색은 명랑과 안정, 명도가 낮은 원색과 중간색은 우울과 침울이다. 연하고 밝은 색은 돋보이며, 그리고 진하고 어두운 색은 멀어보이고, 청록계(靑綠系)색은 시원하고 평화로우며, 황적(黃赤)계의 색은 따뜻하고 정열적이다.

　형태는 상징적인 형태와 건축적·건축 구조적인 형태 및 절대적인 형태로 씌어진다.

　그런데 사진의 기능은 조형예술처럼 대상을 분석·해체해서 재구성하는 능력이 없고, 일순간의 주제와 그 주제를 둘러싼 조형 언어를 하나의 구도 속에 집약적으로 표현하는 것이므로, 대상에 대한 직감과 그 선택은 바로 그 작가의 우열을 저울질하는 열쇠가 된다.

　원래 우리 인간의 조형의지는 예술의 표현에 있어 이미지와 관념의 두 길을 가지고 있다. 조형언어가 인생의 주제를 둘러싸고, 여기에 주제와 부제(副題)의 관계가 르네상스의 원근법에 의하여 처리되면, 이것은 자연적으로 하나의「픽션」(허구)을 이루어 이데아의 표현이 된다. 즉, 줄거리와 이야기를 나타낸다. 이것이 바로 문학적인 표현이며, 동시에 생명적인 표현인 것이다.

　사진은 탄생 후 얼마 되지 않은 때부터 이 길에 들어서서 오늘은 완전히 하나의 주류를, 아니 사진의 본질을 이루어 나가고 있다. 이것이 사진의 문학성이다. 조형예술에 있어서도 현대의 회화[타브로오]에 오르기 까지 오랜 기간동안 이 길에서 자라왔다.

그런데 일부 우리 인간은 이런 생명적인 것을 유한하고 덧없는 것이라 하여 배격하고, 영원한 것을 추구하여 이상적인 것, 추상적인 것을 조형화 하였다. 비잔틴 예술(동로마시대)의 성상(聖像)과 흑인예술의 물신상(物神像)이 바로 그것이다. 이것이 이미지의 표현이다. 그리고 프로이드의 정신분석학이 대두된 뒤, 조형예술에 있어서는 사물을 기억상(記憶像) 및 지세학적(地勢學的)인 구도에 의하여 표현하는 길과 무의식의 세계를 표현하는 초현실파가 생겨났다.

4. 사진의 조류(潮流)와 작가

이러한 조류 속에 사진은 초기의 회화주의를 벗어난 후 꾸준한 자기 발전을 이루어 지금은 대상의 본질을 추구하는 길과, 시(詩)와 영상을 추구하는 길의 두 조류를 형성하게 되었다.

전자를 대표하는 작가가 막념(Magnum)회원과 〈라이프〉지의 스탭들인데 그 중에 가장 주목할 작가가 브랫송, 캐퍼, 유진 스미드 등이다. 이들은 사진의 본질을 순간의 정착에서 사제나 현상(現象)을 기록하는 입장에 서 있으므로, 그들의 주제는 대상에 닮고 있다.

이것이 아까 말한 관념의 표현이며, 또 문학적인 표현이다. 그러므로 이들의 작품은 느끼는 것이 아니라 읽어야 한다.

이와 유(類)를 달리한 대표적 작가가 어빙, 웨스튼, 하아스 등이다. 어빙·펜은 상업사진을 전공하는 길에서 인간 표현에 새로운 기틀을 마련하였다. 그는 인간 표현에 있어 사람을 육감적을 표현하는 길을 택하지 않고, 생명력을 거부한 이질적인 표현을 하였다. 마치「비잔틴」예술의 성상을 연상케 하는 사진의 길이다.

웨스튼은 물체를 오브제화하여 표현하고 자연을 흑백의 톤으로 번역, 조형적으로 표현하였다.

하아스는 대상의 본질 추구에서 출발했으나 지금은 대상의 닮음이 사진의 발전을 저해하고 있다고 갈파라고 실재(實在)에 잠재해 있는 진실을 추구하는 길을 걷고 있다. 시적 표현인 것이다.

그는 자기의 작품 제작의 태도를 이렇게 밝히고 있다.

「사진 표현에 있어 그 작가에게 요망되는 것은 철학적인 바탕이다. 그의 작품에는 반드시 그의 주체성이 반영되어야 한다. 그것에는 두가지 길이 있다. 어떤 사람은 관념이 선행하여 이 관념의 표현을 위해 대상을 선택한다. 또 어떤 사람은 관념적인 의미가 납득될 때까지 응시함으로써 거기에서 무엇인가를 발견해낸다. 사진은 현실과 상상의 접점(接點)에서 이루어지는 것이지만, 무언가 보이는 것이 있어 이것을 여러 사람이 보고 있으면 제각기 다른 관찰의 눈 위에 발족한다. 또한, 아무것도 보이지 않은 곳에서 무엇인가 창조하여 이것을 보일 수 있다면 그것은 사진의 시이다.」

우리가 이들의 작품을 놓고 비교해 볼 때, 사진적인 감명은 역시 대상에서 허구의 현재를 형성하여 진실의 세계를 보인 브랫송, 캐퍼, 스미드의 작품이 강하다. 감각적이고 영상적인 면에 있어서는 어빙·펜, 웨스튼, 하아스의 작품이 뛰어난다.

전자의 길을 잘못 밟으면 현실 복사가 되기 쉽고, 후자의 길은 회화의 모방에 그치기 쉽다.

그러면 우리는 이러한 전통과 예술의 발전 법칙에서 무엇을 배울 것인가?

전통과 고전에서 내가 좋아하는 작가를 선택해서 그의 예술을 이루고 있는 요소를 연구·파악한 후, 이것을 자기의 것으로하여 스스로의 가능성을 모색해야 할 것이다.

우리가 브랫송을 놓고 그의 작품을 분석해 볼 때, 초기 작품에는 조형 예술의 경향을 띤 흔적이 짙다. 그는 스스로 이것을 깨닫고 이 경향에서 벗어나고자 애썼다. 곧 선택된 사물의 표현에 있어 아름다움보다도 주제의 표현에 불가결한 「순간적 흐름에서 이루어지는 구도」를 포착하려 한 것이 그것이다. 그리고 그것이 인간의 전형(典型)을 발굴함으로써 많이 지양되었다. 주제인 인물을 크고 강하게 배치한 반면에 부재의 인물을 대조·향배(向背)·방향성(方向性)의 대치 등, 시간과 공간의 자연적인 흐름 속에 표현한 그의 수법은 놀라지 않을 수 없다.

그리고 이와는 달리 어빙·펜의 인물 표현에는 피부에 와 닿는 생명력의 매력이 거부되고 있다. 마치 무기물과 같은 도식적인 여성상을 감각적으로 표현한 수법에는 놀라움을 금할 길 없다.

이러한 예술적 표현의 규명이 진지하게 이루어지는 곳에 사진 작가의 발전이 기대될 것이다.

오늘날까지 사진은 대상의 기록 또는 복사에 지나지 않는다고 하였다. 그러나 위에서 본 바와 같이 사진은 다른 예술처럼 양식의 수립이 가능하다. 또한, 작가들은 항상 자기 극복을 통하여 새로운 사진의 발전을 이룩하고 있으며, 다양한 사진 표현의 길을 개척해가고 있다.

그러므로 우리는 이러한 사진 미학의 수립 과정을 깊이 인식한 바탕위에 많은 작품과의 접촉과 자매 예술의 풍부한 영양소를 모방 아닌 면에서 섭취하여 자기 영감을 기르고 감수성을 새롭게 함으로써 자기 미학을 구축하는 일에 게으르지 말아야 할 것이다. 이것만이 자기 가능성의 발굴이 될 것이며, 나아가서는 사진 예술의 발전에 이바지 하는 길이 될 것이다.

〈 카메라 예술 69. 4 〉

현대 사진에 대한 小考

사진이 걸어가고 있는 길을 살펴보면 사진의 특성을 존중하는 표현의 길(웨스트, 스트란드 등)과, 사진의 표현의 가능성을 추구하는 길(모티나기, 만래이 등), 그리고 사진으로써 고발하고 그의 이데아를 표현하는 길이 있음을 알 수 있다.

그런데 여기서 고찰하고자 하는「현대사진」, 그것은 표현의 가능성을 확대시키려는 노선 위에서 생산되는 작품, 곧 의식 세계 보다도 무의식 세계를 표현하는 초현실파에 가까운 성격을 내포하고 있는 것이다.

이 길은 이른바 자기 표현, 곧 누구에게 보이고 발표하는 것보다 자기 존재를 인식하는 일기와 같은 것이기도 하다.

이날까지의 사진계는 소위 아마추어에서 인정을 받으면 보도 사진 및 상업 사진의 프로로 진출하는 것이 상례인데, 현대 사진의 길은 문학에 문학청년이 있듯이 사진에도 사진 청년이라고 부를 수 있는 청년들이 이 길을 가고 있다.

사진의 세계는 누가 뭐라해도 미국 〈라이프〉지가 세계사진을 석권하고 주도권을 쥐고 있었다. 그러나 이 사진 청년들은 먼저 〈라이프〉지의 사진 제작의 태도를 거부하고 나섰다. 사진의 특성마저도 거부할 뿐 아니라, 그저 마음 내키는 대로 찍어나가는 것이 그들의 신조이다.

이러한 사진이 맨먼저 세계의 사단에 등장하기는 1950년대의 프랑크라는 사람이 〈뉴욕〉이라는 사진집을 내어 놓음으로써였다. 그때는 색 다른 작풍(作風)이라는 인상을 주었으나, 이것이 오늘의 현대 사진의 효시가 될 줄은 몰랐다.

그 후 1962년에 조지이스트만 등의 젊은 사진가에 의하여 〈콘테프라리·포토 그라파즈 사진집〉이 미국에서 출판됨으로 해서 세계의 젊은 사진들에게 자극을 주게 되었다. 이 바람이 일본에서도 세차게 불어「콘포라」라는 사진 용어까지 생겨났다.

그러자 1969년 12월에 〈라이프〉지가 폐간됨으로 해서 사진계의 밑바닥에 감돌고 있던 이 사진의 물결은 보도 사진에 조가(弔歌)를 보내면서 눈부시게 일어나게 되었다.

이러한 사진의 특성은 첫째 수평선이 아주 낮고 기울어져 있다. 그리고 핀트가 맞지 않아 흐리고 움직인 것 같이 화면이 떨려 있고, 입자(粒子)가 거친 것이 그 특색이다. 그리고 이 날까지의「타블로」로 되어 있던 정면 응시의 기념 촬영 수법이 활기를 띠게 되었다. 여성 사진에 있어서도 여성의 아름다움보다 동물적인 추(醜)의 세계를, 조각미를 대상으로 하던 누드도 성(性)과 추문(醜聞)의 세계를 파헤치는 듯 한 작품과 심지어는 춘화(春畵)의 세계에까지 접근하는 작품이 나타나게 되었다.

또한, 〈라이프〉지가 가지던 포토에세이 수법도 이제까지는 시간을 잘라서 「엮음사진」(組寫眞)으로 표현하던 것을 공간을 잘라서 「묶음(群) 사진」으로 발전시켰다. 완전히 일매(一枚) 걸작주의를 벗어났으며, 이제까지 감상은 읽는 것이 위주 였었는데 느낌을 강조하였다.

감성에 의한 작품 제작이 감각과 생리적인 시각에 의한 작품 제작으로 대치된 것이다. 그리고 고발적인 시점(視點)이 방관적인 시점, 또는 통과자의 시점으로 변한 것이다. 이러한 사진들은 「영상 사진」이라는 이름으로 불리우게 되었다.

이러한 사진이 등장하게 되고 또 오늘날 하나의 유파(流波)를 형성하게 된 까닭은 어디에 있는가?

제 2차대전 이후 전쟁으로 인하여 개발된 과학 분야는 고도의 소비 문화와 정보 시대를 이룩하게 되었다. 고도의 경제 성장 뒤에 따르는 기계적이고 배금적인 문화, 그리고 정보 시대에 뒤따르는 문화의 획일성과 무성격성, 이러한 풍조에서 인간회복을 꾀하고 오늘날까지 특수층이 독점해 온 사진을 완전히 대중의 기호(嗜好)속으로 환원시키고자 하는 새 세대의 저항으로 보고 있다. 이러한 현상이 고도의 경제 성장을 달성한 미국과 일본에서 공통적으로 나타나고 있음에 더욱 그러한 감을 짙게 하고 있다.

「알 수 없는 사진」이라고 일부에서는 이러한 사진 현상에 불만을 토로하고 있다. 그러나 어떤 범주에 정착되지 않고 새로운 가능성을 확대·발굴하고자 하는 이들의 노력은 사진사적(寫眞史的)으로 주목할 현상으로 평가되지 않을 수 없다.

〈 映像 77. 3 〉

跋文

「글이 곧 사람」임을 절감케 하는 珠玉

崔性韶
「흐름회」 총무·前 朝鮮日報 記者

추당(秋塘) 박영달선생은 독보적인 일가(一家)를 이룬 중진(重鎭) 사진작가로 세상에 널리 알려져 있다. 그런데, 그 분을 좀 더 아는 사람이면 식견(識見) 높은 음악 애호가요, 조형(造形)예술에도 일가견(一家見)을 지녔으며 문장에도 탁월한, 한말로 예술 전반에 걸쳐 폭넓은 조예(造詣)를 가진 분으로 존경해 마지 않고들 있다.

그러한 그 분의 별난 딜레탄트로서의 면모는 그 분 자신의 인생 편력(遍歷)에서 잘 드러나고 있다.

일제치하(日帝治下)의 어린 시절부터 바이올린을 키며 음악에의 꿈을 기르던 그는 청년 시절에는 대구를 무대로 꽤 쟁쟁한 문학 동인회(同人會)의 맴버로 활약했었다. 해방을 맞기 까지 7년 남짓 지방 신문기자 노릇을 하던 그는 6·25직후 분신처럼 아끼던 바이올린을 잃자, 허전함을 달래기 위해, 또한 본능과도 같은 예술적 충동을 해소(解消)시키기 위해 카메라를 들고 사진 예술로 뛰어든다. 사진에 몰두하면서 조형예술과 사진예술의 긴밀한 관계를 인식, 스스로의 안목을 높여야 할 필요성에 의해 조형예술을 다룬 서적들을 두루 섭렵(涉獵)한다. 마침내 사진작가로서 일가를 이룬 그는 한 예술가로서의 보다 높은 향상을 꾀해 고전(古典)을 비롯, 전통예술이며 서예(書藝)등 다른 분야의 자매(姉妹)예술을 넓고 깊이 이해하려 쉴 새 없이, 끈질기게 파고 든다. 그리하여 그것들을 충분히 소화한 끝에, 자기나름의 체계 잡힌 이론으로 정립,「사진 평론」이라는 이름으로 발표하여 그 해박(該博)한 지식과 차원 높은 예술적 안목으로 세상을 놀라게 한다.

환갑을 넘긴 두어해 뒤, 그 분은 신경성 계통의 병을 얻어 갑자기 몸져 눕게 됨으로써 실의와 좌절(挫折)에 빠져든다. 죽음에 직면하여 생(生)을 새로 인식하고 그에 따른 심한 갈등과 고뇌를 극복하기 위해, 아니, 그 고뇌를 구체적으로 표현하기 위해 차츰 회복되는 건강과 더불어 그는 붓을 든다.「조형적 언어」를「문학적 언어」로 대치(代置)시키면서, 그 옛날 문학적 이상(理想)에 부풀었던 시절로 되돌아가는 것이다.

잠깐 더듬어 본 그 분의 이러한 예술로 점철(點綴)된 편력에서 드러나 듯이, 한 사진작가로서 독보적인 경지(境地)를 열 수 있었던 것이 우연히 아니라면, 오늘에 이 알찬 수필집을 내놓게 된 것도 결코 우연은 아닌 것이다.

겸손이 아니라 사실 문학에는 문외한(門外漢)인 내가 그분의 글을 놓고 무어라 말한다는 것은 심히 외람된 일이다. 그러나 그 분과 십수년동안 한 고장에 살아오며 가까이 모시고 있는 측근 중의 한 사람으로서, 또한 조그만 지방 문화서클인 〈흐름회〉에 함께 몸을 담고 그 분의 글을 열심히 읽어온 한 독자로서 이 기회에 내 나름대로의 한두마디쯤 할 말을 찾지 못하는 바는 아니다.

「글은 곧 그 사람」이라는 말이 있는데, 바로 추당선생의 경우를 두고 한 말이 아닐까 싶다. 그만큼 추당선생의 그 글과 그 인간의 모습은 완전히 하나다.

언제 어디에서나 대화의 자리만 마련되면 그 분은 예술의 이야기로 꽃을 피우며, 해박한 지식으로 좌중을 압도한다. 예술의 이야기만이 아니다. 체험에 바탕을 둔 인생론, 독실한 가톨릭 신자로서의 종교론, 날카로운 비판정신에 입각한 문명·현실론 등, 그 세계는 다양하고 그 범위는 넓다.

이 모든 종횡무진(縱橫無盡)하고 무진장한 평소의 사연들이 그 분의 글 속에 그냥 그대로 녹아 들어 있다. 그러므로 그 분의 글을 읽느라면, 나로서는 꼭 그분의 이야기를 직접 듣는 듯한 착각에 빠지는 것이다.

그 분의 인격을 이 자리에서 낱낱이 말하기란 어렵다. 요약하면 결백(潔白)·고고(孤高)·집념(執念)의 세 낱말이 그 분의 인격을 상징한다.

결벽증(潔癖症)에 가까우리만큼 그 분은 순수한 동심(童心)의 소유자다. 잡스런 세속(世俗)과 그 분은 전혀 인연이 없을 정도여서, 명년이면 고희(古稀)를 맞는데도 그 분은 아직 천진난만한 어린 아이다. 선악(善惡)에도 민감한 어린아이인 것이다.

그 분은 타협을 가장 싫어 한다. 불의(不義)를 보고 못참는 성격의, 금방 칼이 들어와도 할 말은 하며, 누가 어떻게 새겨 듣고 또 어떻게 반응(反應)하든 그런 것에 전혀 괘념(掛念)하지 않는다. 나쁘게 말해 철두철미 제 잘난 맛에 살고, 좋게 말해 고고하기가 학(鶴)과 같다.

그 분은 한번 작심(作心)하면 물·불을 가리지 않는다. 캘 것은 꼭 캐고 따질 것은 반드시 따지며 끝장을 내야 직성이 풀리는 성미다. 악착같이 파고 드는 그 집념, 평생토록 배우고 공부하는 그 끈질긴 학구적(學究的) 자세가 그 분의 집념을 단적(端的)으로 입증한다.

절제(節制)로 다져진 그 깐깐하고 근면하고 외고집스런 인격적 면모가 그 분의 글에 오롯이 배어 있어, 그 분의 글을 읽고 있으면 마치 그 분을 직접 만나고 있는 듯한 기분에 젖는다.

그러니, 나로서는 「글과 사람은 하나」라는 진리를 그 분의 글을 통해 실감하지 않을 수 없는 것이다.

더 나아가, 한마디만 건방진 말을 나에게 용납한다면, 추당 선생의 수필 작품은 다른 수필들과 좀 별난 데가 있다는 점을 지적하고 싶다. 흔히 「수필」이라는 글들을 읽어 보면 누구라

할 것 없이 대개 몇가지 패턴 속에 갇혀 있는 듯한 느낌에 사로잡힌다. 지극히 일상(日常)적인 것, 이른바「신변잡기」(身邊雜記)가 태반이요, 그것이 아닐 경우에는 문명비평적인 딱딱한 글이기 일쑤임을 본다.

 그런데, 추당선생의 수필 작품들은 그러한 양극(兩極)현상을 조화시켜 놓은 듯하다. 무게 있고, 차원이 높은 데도 재미있게 읽히는 수필. 일상을 소재로 한 경우에도 인생을 깊이 생각하게 하는 문학 정신이 깃들여 있고, 예술·문명을 주제로 한 것들도 저항감 없이 재미있게 읽을 수 있으니, 독자인 나로서는 언제나 그 분의 글을 통해 충족감을 맛 본다.

 이 이상 그 분의 글에 대해 말할 재간이며 밑천이 나에겐 없다.

 그 분이 본격적으로 글을 쓰기 비롯한지 십년도 안되어 한 권의 책을 엮을만한 양(量)에까지 다다랐으니 그저 놀라울 따름이요, 그것이 책으로 엮어져 나온다니 그 분을 글을 널리 읽히고 싶었던 평소 나의 간절한 욕구가 채워진 것같아 그저 꿈만 같을 따름이다. 그래서 추당선생이 노상 버릇처럼 하는 말씀,

「예순 넷부터 내 인생은 새로 시작된 거야. 박경용군이 그렇게 만들었지. 오늘까지 내가 살고 있는 건 다 박군 덕이야」

 내가 알기로도 한치의 과장이 없는 그 말이 자꾸 귀에 쟁쟁하여, 나의 이 감격과 고마움도 박 경용 사백(詞伯)에게 돌려주

고 싶다.

 재작년에 불운(不運)의 오토바이 사건으로 또 한번 건강을 크게 해쳤다가 가까스로 재기(再起)한 그 분이 이 수필집 출판을 계기로 제발 영육(靈肉)이 날로 왕성해지기를 거듭거듭 빌면서 졸필(拙筆)을 놓는다. 망언다사(妄言多謝)

〈 1981. 12. 2. 〉

박경숙

박경숙아트연구소장. 다락방미술관 대표.
40년간 지역에서 화가와 큐레이터로 활동하고 있다.
1991~2004년에는 포항대백갤러리에서, 2006년부터는 포항시립미술관에서 개관 준비 학예사를 시작으로 2016년까지 근무하였다. 개인전으로 〈박경숙전-1998년 대백갤러리〉, 〈결-존재의 울림-2007년 대구 대백프라자갤러리〉, 〈존재, 깊고 푸른-2018년 우수작가초대전, 포항시립중아트홀〉을 비롯하여 200여회의 국내외 초대 및 단체전에 출품하였다. 2023년 영국 〈Cambridge open studios 'Connection'〉에 참여하였다. 도서출간으로는 2021년 『Since 1981, 그때 그림 그 사람』이 있다. 현재는 포항지역의 근대문화예술사 자료 수집과 인문학적인 내용의 기록 작업을 펼치고 있다.

논문

秋塘 박영달과 청포도다방

박경숙

(박경숙아트연구소 대표)

김밭

박영달(秋塘)과 청포도다방

박경숙 박경숙아트연구소 대표

秋塘 박영달(1913~1986)

Ⅰ. 서론

역사를 정립함에 있어 인물사적으로 접근을 시도하는 경우를 많이 본다. 왜냐하면 당대를 치열하고 적극적으로 그리고 창조적으로 살아온 한 개인의 삶이 바로 그 시대를 증언하는 역사가 될 수 있기 때문이다. 여기, 우리지역에 일제강점기를 거치며 6·25전쟁 등 한국의 격동기는 물론 소년시절에 고되고 힘든 밑바닥 삶까지 영위하면서도, 독학으로 예술 전 분야에 높은 식견과 안목을 깨우쳐서, 한국사진예술사에서나 우리지역 근대문화예술사에 큰 토양을 마련해 주신 인물이 존재한다. 바로 사진가 박영달(호:秋塘)이다. 선생이 걸어온 발자취는 우리지역 르네상스를 일으켜 활짝 꽃을 피우게 만든 선각자 중에 한사람으로서, 박영달의 존재는 참으로 중요하다. 선생께서 살아온 삶 그 자체가 고스란히 근대기 우리지역 문화예술사이자 예술가로서 살아가야 하는 덕목을 흐트러짐 없이 실천하고 살아오셨기에, 31년간 묻혀 있다가 이제서야 지역민들에게 소개된다는 점에서 많이 늦은 감은 있지만, 매우 뜻깊은 일이고, 교훈적인 인물상으로 조명되어야 하는 예술가이다.

박영달은 1938년 대구일보 포항지사 기자로 부임하면서, 우리지역과 인연이 시작되었다. 1986년 신경성 고혈압으로 작고하실 때까지 47년간 포항을 지키며, 한국사진예술사에서나 포항문화예술운동가로서 뚜렷하게 자취를 남겨 포항의 르네상스를 일으키신 분이시다. 그러나 박영달이 남긴 업적들은 사후 긴 어둠 속에 묻혀 있었고, 우리지역 문화예술계에서는 전설적인 인물로서 구술적으로 간간히 전해져 왔다. 박영달이 이처럼 한국사진예술사에서나 포항 근대문화예술사에서 중요한 위치를 차지함에도 불구하고, 그동안 우리지역에 박영달에 대하여 조명하는 기회가 전무 하였다는 사실은 많은 안타까움을 남긴다.

여러 가지 사유가 있겠으나 무엇보다도 박영달이 사후 아카이브 자료 구하기가 극히 어려웠다는 것이 무엇보다도 가장 큰 이유였다. 여기에다 지역 문화예술의 척박한 환경으로 박영달을 조명하려는 의지가 매우 소극적이었다는 면도 한몫했다. 이와 달리 박영달과 문화운동가로서 함께 나란히 활동한 이명석[1](포항문화원 초대원장), 한흑구[2](문학가)는 그들의 후손들과 포항문인협회에서 성실하게 조명되어, 우리지역 문화예술사에서 정신적 지주로 각인 되어 왔다. 박영달 만이 빛나는 업적을 이루어 놓았음에도 불구하고 긴 세월 속에 묻혀 있었다는 것은 박영달의 개인사적 연유에서 비롯되었지 않았을까 짐작된다. 특별한 인맥, 학연도 없이 독학으로 이룬 예술적 성과는 완벽하고 타협하지 못하는 대쪽 같은 성품으로 그의 자료들은 우리지역에서 좀처럼 발견하기 힘들게 하였고, 또한 넉넉하지 못한 생활인으로서 살아야 하는 복합적인 요인들이 얽히어, 박영달의 흔적들은 사후 산산히 흩어져 버렸지 않았

---

[1] 1904년 영덕 출생. 포항제일교회를 중심으로 청년운동, 문화운동, 육영사업 등을 펼쳤다. 지역에서 문화예술의 중요성을 미리 인식하고 문화원 설립, 도서관 운동, 포항문화협회 결성과 활동을 지도하였으며, 특히 지역문인, 연극인들의 스승으로, 후견자로 역할을 다하였다.

[2] 1909년 평양 출생. 본명 한세광. 1948년 포항으로 이주해 와서 포항에서 세상을 떠났다. 첫 문학 작품 발표는 노드파크대학에 다니면서 조국에서 발간되는 《동광》지에 시와 수필을 발표했으며, 귀국 후에는 주로 동아일보나 조선일보를 무대로 '영문학의 형식론' '칼샌버그의 시' 등 많은 영문학관계의 평론을 발표하였다. 우리나라에 처음으로 흑인문학을 소개하기도 했다. 그의 대표작인 수필〈보리〉는 교과서에 실리면서 수필 문학의 교본이 될 만큼 수필 공부하는 사람들에게는 필독의 작품으로 알려져 있다.

을까 생각된다. 이러한 사항들은 한국근대 예술가들에게 더러 볼 수 있는 사례들이다. 그러나 빛나는 보석은 흙 속에 묻혀있어도 언젠가는 빛을 발하는 법이다. 구전으로만 전해지고 있던 박영달에 관한 자료와 그가 운영하였던 〈청포도다방〉이 지역 문화예술인들의 끈질긴 관심 속에서 세상 밖으로 나오게 된 것이다. 퍼즐게임 맞추듯 조그마한 정보가 꼬리가 꼬리를 물며 추적하고 발굴해내어, 마침내 2016년 포항시립미술관에서 〈秋塘 박영달 회고전 - 사진예술과 휴머니즘〉의 전시회가 열렸던 것이다. 참으로 우리지역 문화예술사에서 큰 수확이고 고무적인 일이라 평가된다. 이 전시로 인하여 지역민들에게 우리지역 과거 예술사에 대한 재발견의 중요성과 관심이 크게 대두되는 계기를 만들어 주었다.

인문학의 궁극적인 본질은 '인간다움'이 무엇인가를 밝히는 학문이다. 지금의 한국사회는 '인문학'의 열풍에 사로잡혀 있다. 특히 문화예술분야에서 인문학의 열풍은 정신건강과 직결되는 힐링의 차원으로까지 인식되어, 그 열의는 식을 줄을 모른다. 우리지역에도 포항 근대문화예술사를 알고자 하는 관심이 높아지고 있는 시점에서, 사진가 박영달과 〈청포도다방〉이 긴 어둠 속에서 드러내 보여주는 계기가 된다는 점에서 무척 긍정적이고 반가운 일이며, 또 하나의 문화 콘텐츠로서의 발전 가능성을 보여주고 있다.

세계인들이 사랑하는 최고의 화가를 꼽으라면 아마도 빈센트 반 고흐일 것이다. 우리들은 고흐의 작품보다 오히려 그가 겪은 고난했던 삶과 주변 인물들의 관계, 수많은 자료와 사건들이 고흐를 더욱 인간적으로 사랑하고 있음을 알고 있다.

『박영달과 청포도다방』은 지역 근대기에 활동하였던 박영달의 인간적인 면모와 사진작품, 그리고 그의 발자취를 통해서 근·현대기 우리지역 문화예술의 역사를 통해 지역문화예술의 중요성과 우수성을 알리는데 소중한 기회가 될 것으로 생각된다. 47년간 우리지역을 지키며 문화예술사에서 선구자적 삶을 살아왔던 박영달의 삶들은 어쩌면 우리가족, 우리스승, 우리동네 어른들과 직·간접적으로 연결되어 있었을 수도 있는 박영달의 인간적인 생애를 살펴봄으로써, '지금, 여기'에 살고있는 우리들에게 지역 문화예술사적 인식을 새롭게 가져보는 자리와 함께 진정한 행복이 무엇인가를 느껴볼 수 있을 것이다.

2016년 포항시립미술관에서 개최되었던 〈秋塘 박영달 회고전 – 사진예술과 휴머니즘〉은 박영달의 사진예술 부문에 중점을 두었던 전시였다. 선생의 개인사와 업적, 그리고 관심거리였던 〈청포도다방〉에 대한 사항들을 전하기에는 다소 부족한 면이 많았다. 이번 논문은 박영달의 사진예술에 관한 학술적인 내용 보다는 그동안 구술적으로만 전해지던 문화운동가로서의 인간적인 면과 업적들을 아카이브 자료들을 바탕으로

지역민들에게 보고 형식으로 알리는데 초점을 맞추고자 한다. 방법적으로는 30여 년간 현장에서 큐레이터 업무를 하면서, 박영달에 대한 정보를 꾸준하게 채집하듯이 모은 자료(口述적인 자료 포함)를 바탕으로 진행된다.

II. 본론

1. 박영달의 생애

박영달이 비록 대구에서 출생하였지만, 42세 늦은 나이에 포항에서 사진가로 시작하여, 한국사진예술사에서 이름을 남겼다. 하지만 대구에서 먼저 박영달을 근대사진예술사의 선각자로 알리고 존경하고 있다. 이러한 점은 우리지역으로서는 많은 아쉬움과 안타까운 일면을 가지게 한다. 그의 명성은 47년간 포항에서 어려운 생활 속에서도 문화운동가, 사진예술가, 수필가, 평론가로 활동하여 얻어진 것이다. 박영달의 자료가 우연히 대구 사진가에 모두 소장되다 보니, 박영달의 이름과 명성이 지금에 와서야 알려지게 된 것이다. 이러한 원인은 유족들을 포함하여 우리지역사회가 문화 인적 자원이 가치 있고 소중하다는 것을 너무 늦게 인식하였다는 것이다. 그러나 어쩔 수 없는 일이 아니겠는가. 지금이라도 포항에서 박영달의 업적과 활동상을 널리 알려서 우리지역 근대예술사를 튼실하게 다져나가고 가꾸어야 하는 수밖에 없다.

  박영달은 한국사진예술사에서 뿐만 아니라 포항근대 문화예술사에 뿌리 역할을 해 온 문화예술운동가이다. 1958년, 1963년 조일국제사진살롱 입상을 비롯하여 1965년 국전 제1회 사진부, 1966년, 1967년 동아사진 콘테스트, 1973년 국제사진 살롱 등 국내·외 유수한 사진 공모전에서 입상하였다. 이러한 흔적들은 한국 사진예술사에서 초석을 다지는 시기에 얻은 수확들로서 박영달의 수상들은 한국사진사에 중요한 자료들로 기록된다. 그리고 문학, 음악 등 다양한 예술장르의 소양을 익히고 선보여줌으로서, 지역민들에게 신선한 문화 충격을 안겨 주었고 문화예술사의 기틀을 마련하는데 크게 기여하였다. 또한 〈청포도다방〉을 운영하여 음악 감상실, 문인들의 토론 장소, 전시공간 제공 등 지역문화예술인들의 사랑방 역할과 후원을 아끼지 않았다.

  박영달의 활동들은 우리지역에서는 최초라는 수식어가 붙는다. 사진, 문학, 음악에 대한 열정과 심취는 다양한 장르의 예술부문을 싹 틔우는데 직접적인 영향을 주었고, 이러한 면모들은 포항문화원과 포항예총이 탄생하는데 중요한 바탕이 되었다. 또한 〈청포도다방〉은 일명 "청포도 문화 살롱시대"[3]

---

3 지식인들이 박영달이 운영하는 청포도다방에 모여 포항의 문학을 중심으로 예술전반에 대한 고민을 함께 하곤 했기에 수필가 박이득은 이 시기를 '청포도 문

라는 명칭으로 시민들에게 오랫동안 사랑을 받아왔고, 지역 문화예술의 산실 역할로 근대기 척박한 환경에서 지식층들의 절대적인 문화 공간 역할을 제공해 주었다.

박영달이 이렇게 우리지역에서 다양한 역할을 겸할 수밖에 없었던 까닭은 그 자신 왕성한 활동가였기 때문이기도 했지만, 시대적인 요청이었다는 표현이 옳을 것이다. 사실 황무지나 다름없었던 당시 포항문화예술계는 신념과 열정과 능력을 골고루 갖춘 능력자가 필요했다. 박영달이 대구일보 기자로 포항에 정착하면서, 문화운동가 한흑구와 이명석 선생 같은 정열적이고 헌신적이며 예술가적인 안목을 모두 갖춘 인물들과 잘 맞아떨어져, 문화예술의 황무지였던 포항이 타 지역 문화예술인과의 교류와 소통, 그리고 여러 장르의 문화예술의 소양과 인식의 저변확대에 많은 노력을 기울여, 오늘의 포항문화예술의 기반을 형성하는 데 결정적인 역할을 하였다.

박영달은 파란만장한 소년기를 보냈다. 1913년 대구(대구시 중구 수동 86번지)에서 부친이 큰 금융업(증권)을 하는 가계(家計)에서 외아들로 태어나 부족한 것 없는 유복한 생활을 보냈다. 박영달의 모든 친지들은 부친의 영향으로 먹고살았을 정도로 부가 엄청났었다 한다. 하지만 박영달이 13세 되던 해 부

화 살롱 시대'라고 명명하였다.

친께서 대동아 전쟁 때 대규모 사업투자를 벌였으나, 여의찮아 집안 가세가 완전히 기울어졌고, 사업이 망하자 충격으로 부친은 사망하였다. 이때 가족들은 뿔뿔이 흩어졌다(모친은 재가함). 졸지에 포목집 가게를 운영하는 친척집에서 허드렛일을 하며 겨우 생계를 이어 가는 신세가 되었다. 그래서 그의 학력은 초등학교 졸업이 전부이다.

박영달은 어렸을 적부터 총명함이 남달랐다 한다. 아마도 유복한 생활에서 양질의 교육을 받았던 영향과 선대에서 물려받은 지식층의 피가 흐르지 않았을까 짐작된다. 이후 친구들은 중등학교를 다니지만 본인은 갈 수 없어 지식 습득에 대한 집착과 공부에 대한 열망이 너무나 컸다. 그래서 친구들이 학교에서 그날에 배운 학습내용이 적힌 공책을 빌려 그대로 베껴 기록하며 배움에 대한 열망을 해소해 나갔다. 이러한 지식의 습득은 더욱 목마르게 하여 여건과 기회가 되면 닥치는 대로 독서를 하였다. 아마도 어린 나이에 감당하기 어려운 고난과 외로움과 서러움을 독서로 잊으려는 심리가 컸으리라 짐작된다. 이후 별명이 독서벌레라 불릴 정도로 그의 생은 어려운 고비를 넘길 때마다 독서가 생계를 이어주는 역할과 함께 미래를 열어주는 기회를 제공해 주었다. 또한 독서가 그에게는 혼자서 모든 것을 깨우치는 지식인으로 그리고 예술인으로 우뚝 서게 만들어 주었고, 오늘날의 박영달을 있게 한 원동력이 되었다. 한편 박영달은 어려서부터 예술에 대한 남다른 감성과 끼를 소유하고 있었다. 소년시절에는 문학을 좋아했으나, 이후에 소리의 다양함과 아름다움에 눈을 뜨면서 음악을 좋아하였고, 바이올린을 독학으로 깨우칠 정도로 음악에 대한 열정과 심취는 대단하였다.

젊은 시절 박영달은 선반 공장원, 철도원, 일반회사 종업원, 식당지배인 등 만주지역을 비롯하여 전국으로 다니며 다양한 직업을 가졌다. 이 시기에 만주에서 맞선으로 신의주 출신 부인 오동춘(吳東瑃)을 만나서 일가를 이루었다. 이러한 힘든 직업세계를 전전하면서 일제강점기에 지식인층들이 가지는 엘

바이올린을 연주하는 박영달

리트 직업으로 알려진 기자생활을 하였다는 것은 상당히 의외의 일이다. 이러한 점은 박영달이 왕성한 독서가로서 갖추어진 특유의 빛나는 지식과 성실함이 작용하였다. 힘든 직업세계에서 생활하다 보면 풀리지 않는 문제가 종종 발생한다. 그때마다 박영달이 해결하는 역할을 도맡아 하였다 한다. 일례로 선반 공장원으로 일할 때 기계가 자주 고장이 나서, 아무도 해결하지 못했는데, 박영달이 거기에 관한 문제점을 밤낮으로 꼼꼼하게 책을 읽고 설계도를 분석하여 큰 도움을 주었다 한다. 이러한 인품이 점점 알려지면서 지식층과 교류하게 되었고, 지식인들이 기자직업을 추천 및 권유로 1938년 그의 나이 28세 때 포항에서 기자직업을 갖게 되었던 것이다. 참으

1930년대 후반 기자시절 일본에서의 박영달(뒷줄 오른쪽 세 번째)

로 입지전적인 인물이라 할 수 있다.

 포항에서 7년간의 기자생활은 우리지역 구석구석을 알게 되는 계기가 되었고 또한 애착을 가지게 되어, 포항에 정착하기로 결심을 하는 계기를 만들어 주었다. 박영달의 청년기는 남다른 탐구력과 새로움을 지향하는데 몰두하였던 시기이다. 아무리 생계가 힘들더라도 최신 기계나 새로운 문화를 접하면 반드시 손에 놓고 접해 보아야 하는 성품이었다. 1940년대 우리지역에서 유일하게 라디오를 갖고 있는 사람이 박영달이었다 한다. 8·15 해방 날 아침, 그의 큰아들(박순일)에 의하면 포항에 거주하는 일본인 장교들과 경찰들이 집안 가득 모여 일본인의 패망을 듣기 위해 라디오 주변에 모여 있는 것을 기억한다고 했다.
 또한 포항원로예술가들이 모두가 알고 있는 한 가지 일화는 6·25전쟁 전 생계를 위하여 여러 가지 잡화 물건을 취급하는 프린트 가게를 했는데, 대구에 물건 하러 갔다가 마음에 드는 바이올린을 발견하자 준비 해온 큰돈으로 몽땅 바이올린을 샀다는 것이다. 그리고 그의 감성적이고 예민하고 완벽한 성향은 그 시절 힘든 가정생활에도 불구하고 사진작업을 할 때마다 최신·최고의 카메라를 선호했다. 이처럼 박영달은 새로운 문화예술과 기술 면에 있어서 끊임없이 연구하고 도전하고, 과감하게 받아들여 자기 것으로 소화해 내는 사람으로서, 험난한 세상에서 지식층의 리더가 될 수 있었다. 이러한 성품은 가족들에게 생활의 곤궁함을 안겨 주었고, 생계를 위하여 여러 가지 가업(잡화상점, 프린트사, 버스매표소, 청포도다방, 사진점, 꽃집)의 변화를 시도하는 삶을 살아왔다.

 남들보다 배움에 대해 부족함을 채우기 위해, 한 권의 책을 기본적으로 세 번을 탐독해서 완전히 자기 것으로 소화해 내는 박영달은 모든 면에서 한 치도 흐트러짐 없는 완벽하고 확고한 신념을 추구하는 지식인이었다. 그리고 숱하게 겪은 고난의 삶들은 그를 철저한 무신론자로서 대쪽 같은 삶을 살아오게 하였다. 이러한 그에게도 3명의 자녀를 잃게 되는 아픔을 겪으면서, 천주교로 전향하게 되는데, 이때부터 평범하고 고단한 사람들의 삶을 휴머니즘적 시선으로 바라보게 된다. 그의 사진 작품에 등장하는 평범한 사람들의 소재 선택과 〈청포도다방〉의 후원자로서 운영 정신은 아마도 이 시점에서 시작되었지 않았을까? 그의 사진작품에는 가지지 못한 자들만의 소박한 삶과 인간미, 그리고 더불어 사는 사람들이 느껴지는 행복과 희망의 이미지가 묻어있다. 이러한 마음은 〈청포도다방〉에서도 아낌없이 실천하였다. 궁핍한 예술가들에게 따뜻한 차 한잔과 발표의 장소제공으로 성장할 수 있는 기회도 주고, 창작에 관한 대화와 격려를 해주는 등 소소한 사랑을 아낌없이 베풀었다. 겉모습은 깐깐하고 냉정한 이성주의자로서의 면모는 풍겼으나, 내면세계는 없는 자들의 고통과 서러움은 누구보다도 잘 알고 있기에 그의 한국 사진예술사에서의 성과와 〈청포도다방〉의 이야기는 그가 겪은 체험적인 인생사에서 비롯된 것이다.

포항 죽도성당에서 박영달(영세 기념 사진)

1980년 어느 날, 박영달이 새벽 오토바이를 타고 달리다가 뜻밖에 교통사고를 당한다. 이때 신경계통의 고혈압 병을 얻어 사진을 찍기가 자유롭지 못했다. 이로 인해 그는 사진 대신에 글을 쓰기 시작했다. 그리하여 1980년대부터는 사진가 박영달은 박경용(지역출신 문인) 시인의 적극적인 권유로 문단에 정식으로 등단해서 수필가 박영달로 새로운 변신을 하였다.

박영달은 일찍부터 평소에 유난히 독서열이 왕성하였기 때문에 부족한 학력의 사회적 장애를 쉽사리 뛰어넘었고 또한 자타가 인정할 만큼 타고난 예술적 직관력과 문학적 소질로 인해서 수필가로서 비교적 수월하게 변신할 수 있었다. 비록 사고로 인하여 사진가로서는 활동은 적었지만, 수필가와 평론가로서 활동하여 또 다른 예술적 기량을 펼쳐 보였다.

박영달은 흐름회에서 개최한 '문학의 밤'에서 문인으로서의 정신을 다져나갔다. 그는 "문학적인 분위기는 사진하는 나에게 자극제의 역할을 해주었다. 그러나 그때까지도 나는 문학

청포도다방에서 시인 박경용과 함께(1960년대)

적인 글을 쓰지 않았다. 그 당시 나는 현대는 읽는 시대가 아니라 보는 시대라고 생각하고 있었으며, 문학은 좋기는 하지

만 언어장벽 때문에 국제적인 전달력이 약하고 조형예술과 사진과 음악은 누구나 이해할 수 있는 세계 공통 언어라는 생각을 갖고 있었다."라고 조형예술과 문학에 대한 평소의 생각을 말했다. 또한 "여태까지 시각적이고 조형적인 것에만 나의 신경과 감수성이 흥미를 가지고 예리하게 작동했을 뿐, 심리적인 감정의 변화에는 무관심해 왔다"라고 박영달은 사진가에서 문인으로서 변신하게 되는 동기와 마음을 표현하였다.

1981년에 출간한 박영달 수필집 〈蘭을 치는 두 마음〉은 1960년대부터 여러 紙上에서 사진예술 이론과 소소한 서민들의 삶에 관한 글을 발표한 것을 모아서 발간된 책으로서, 그의 수준 높은 지적세계를 느낄 수 있는 책이다. 특히 사진예

〈蘭을 치는 두마음〉 출판 기념행사 때의 박영달 모습(1982년)

술에 관한 글들은 21세기 현대 시각 예술가들도 참고가 될 수 있는 만큼 탄탄한 글이다. 이러한 심오한 예술적 이론과 비평 능력의 안목은 초등학교가 학력이 전부인 그가 어렸을 적부터 닦아온 독서광이 만들어낸 결과이다.

1966년 '사진예술지, 세계의 사진화', 1969년 '카메라 예술지, 전통과 고전 위에서', 1977년 '映像 현대 사진에 대한 소고', 1978년 '월간문학지, 나이스 맨' 1978년 '현대문학지 기술자의 숙명', 등의 글들은 그의 풍부한 문학적 기량을 엿 볼 수 있다.

2. 사진활동과 예술세계

대구는 서울, 평양과 더불어 한국 근·현대미술사의 토대를 마련하였던 중요한 지역이다. 사진예술 또한 일제강점기 때부터 6·25 전쟁을 거쳐 대구는 한국의 사진 역사에서 활발히 전개된 양상을 지속적으로 보여주었으며, 1960년대, 70년대는 대구를 가리켜 사진의 수도라고 불렀을 정도로 중심적 역할을 해 왔던 지역이다. 이 시기에 활동한 근대사진가는 구왕삼, 최계복, 박영달, 배상하, 강영호, 김재수, 도주룡, 안월산 등이 중심인물이었고, 이들은 작품제작과 더불어 사진이론을 치열하게 논쟁하며 자기세계를 구축한 근대사진가로 기록되고 있다.

1950년대부터 1960년대는 박영달이 대구 근대사진가들과 교류하며, 왕성한 사진작업 활동과 이론 세계를 펼치면서, 1965년 포항사진협회 초대지부장(1965~66년)을 역임하는 등 지역문화운동과 함께 사진 발전을 위해서 많은 노력을 기울였던 시기이다. 이 시기가 박영달에게는 사진가로서 전국적으로 알려지고 이미지가 굳혀지던 때이며, 〈청포도다방〉에서 문화운동가로서도 활발하게 펼쳐 보였던 중요한 시기였다.

6·25 전쟁으로 바이올린을 잃어버린 후 매우 상심하던 차에 박영달 옆집에 서울에서 피난 온 사진가 박원식[4]이 D.P점을 차렸다. 그래서 거길 놀러 간 것이 인연이 되어 사진을 시작하게 되었다. 사진을 처음 할 때가 1952년 10월부터 시작했는데 그때 박영달의 나이가 마흔두 살이었다. 사진가로서는 늦게 시작한 셈이지만, 따지고 보면 1938년 대구일보 기자시절부터 사진작업을 시작했다고 볼 수 있다. 대기만성이라는 말은 박영달을 두고 하는 말인 것 같다. 한국전쟁 이후 사진예술에 본격적으로 뛰어들어 구왕삼[5]선생(대구 근대사진가)과 교

---

4   1924년 서울 출신. 6.25 전쟁으로 피신 오면서 포항 정착. 해방이후 1947년 제1회 전국군관민친선 사진촬영대회 입선, 1945년 서울 명륜서양화연구소 3년, 포항사진협회지부장 역임(1975년, 1987년, 1990년), 1954년 포항사우회 발기인, 포철사우회 지도위원 위촉(1985), 한국예총포항부지부장(1989), 포항일요화가회원 활동(1981년부터 20여년간), 2008년 작고.
5   1909년 김해 출신. 1930년대 사진 입문, 1945년 건국사진문화연맹 주최 사진전에서 '군동(群童)'이 특선에 당선되면서 본격적으로 이름을 알리게 된다. 1947년 영남일보 사진논평 시작. 1950년대부터 그는 사진작업과 함께 서울과 지역을 넘나들며 사진에 대한 비평 활동을 본격적으로 시작하였다. 기본적으로 음악, 회화, 문학 등에 대한 이론이 풍부하였던 그는 사진의 흐름 또한 과거에

류를 가지며, 예술학을 바탕으로 폭넓은 사진 세계를 다져나가는데 심혈을 기울였으며, 그리하여 1950년대~1960년대부터 무명의 사진가 박영달의 작품들은 수도권의 사진예술계에서 차츰 관심을 불러 모으기 시작했다.

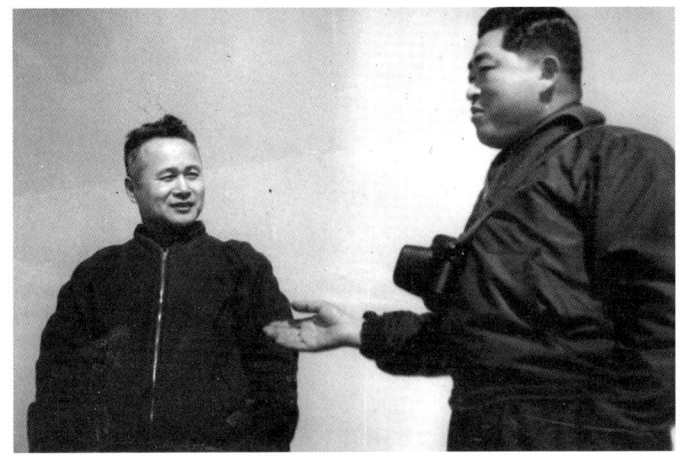

〈박영달. 박원식〉과 대화하는 모습

박영달은 1950년대 국내 대부분의 사진가들이 자연물만을 대상(풍경)으로 작품을 제작하는 사진에 만족하지 못하고, 의도적으로 사람을 대상으로 하는 사실주의 사진을 하기로 결심한다. 이러한 마음을 결정하는 요인은 평소 해외의 사진지

술사와 더불어 생각하고자 하였다. 1977년 작고.

를 구독하여 세계 사진예술 흐름에도 상당한 정보와 이해 능력을 갖추고 있었고, 모든 예술관련 서적들을 두루 섭렵하여 얻은 그의 예술관은 궁극적으로 인간에 대한 연구가 가장 많은 매력을 느꼈기 때문이다.

1957년 대구의 미국문화원 전시장에서 제1회 사진전을 가졌다. 그리고 4년 후인 1961년에 다시 같은 장소에서 제2회 개인전을 가졌다. 그 당시 서울이나 대구에서나 누가 개인전을 갖는 일이 다섯 손가락에 꼽을 만큼 드문 것이었다. 당시 국내 사진가들의 대부분은 자신들이 속해 있는 클럽의 회원전이고 그다음은 국내외의 공모전에 응모하는 것이 사진 활동이 전부였다. 그래서 전시장들은 1년 내내 회원전이나 공모전이 거의 전체적인 비중을 차지했었고 특색 없는 전시회가 전부였다. 이런 시기에서 그의 두 차례에 걸친 개인전이란 아주 대단한 일이었고 화젯거리였다.

사진을 시작하면서 사진예술의 특징과 이론에 관하여도 많은 연구를 하였다. "무언가 자기의 느낌, 감정, 이것이 표현되어서 남에게 전달되어야만 그것이 예술이라 할 수 있다."라고 주장하였다. 박영달도 모방하는 작업으로 시작했는데, 이후 미국의 잡지에서 본 사진집에서 사진의 독자성을 중요하게 생각하게 되었다. 결국 "사진은 순간을 포착하는 것이다."라고 박영달은 말하였다. 또한 예술가는 자기 인생관, 세계관이라든지 이런 것을 발표하는 게 예술이지 상을 쫓아가는 것은 하나의 허영심이라 생각하여 상을 주는 각종 국제 살롱전과 공모전을 그만두게 된다. 이후 박영달 자신만의 예술관을 구축하기 위해 우리 고장 어민들의 삶과 풍광이 어우러진 사진제작에 매진하게 된다.

포항 사진예술계의 평가와 한국사진예술의 발전에 대하여 날카로운 조언도 남겼다[6]. "우리가 미술가들을 보면 미술대학교를 나와서 화가가 되는데 우리는 그런 과정이 없기 때문에 약합니다. 그래서 자기가 헤쳐 나가는 길이 어느 방향에서 하는지 모르고 나가서 재미있게 찍으면 작품이 되는지 알고 있어요, 저는 아까 말씀드렸다시피 자기 인생관이다 세계관이다 뭔가 자기 마음에 있는 상황 느낌 이런 것을 체계화 시키는 것이 예술의 분야가 아니겠는가 생각하고 있습니다." 그리고 한국 사진의 방향과 전망을 내다 보았다. "앞으로 사진이 어느 방면이든지 안 들어가는 데가 없습니다. 과학이라든지 우주든지 어디든지 사진이 나오고 있어요. 그리고 사진이 렌즈라든지 기계가 상당히 발전이 많이 되었습니다. 그래서 사진을 피해서 회화가 달아나고 있어요. 그렇기 때문에 사진도 앞으로 가능성이 얼마든지 열려지리라 보고 있습니다". 오늘날 1인 휴대폰 카메라 시대와 미디어예술 시대를 생각한다면 박영달

---

6 박영달 좌담회 (1979년 KBS 라디오 방송 "보람에 산다"에 출연한 인터뷰 내용)

이 사진예술의 미래를 정확하게 내다보는 안목도 참으로 대단하다고 볼 수 있다.

박영달은 1960년 대구일보에 사진가의 태도를 제시하였다. "관찰에서 기록하던 우리의 종래(從來)의 태도를 느낌에서 표현(表現)으로 이행(移行)하는 감수성(感受性)의 갱신(更新)을 달성"해야 할 것이라 했다. 즉 사진의 본질인 '기록'의 차원에서 넘어 '예술가'의 눈과 마음으로 보는 감성의 태도를 가져야 한다는 것을 강조하였다. 결국은 사진가란 "자연과 사회와 인간을 노래하는 대화자이고 시인이고, 진실을 말하는 문명 비

1960년 1월 대구일보 기사 내용

평가이어야 한다. 라는 그의 벗인 구왕삼이 말했던 것과 같은 맥락으로 종합적인 예술적 안목을 가져야 한다는 것을 강조하였다.

  문학과 음악에 남다른 조예를 가졌던 박영달은 그의 사진 세계에서도 다양한 예술 분야의 정신이 접목되어 나타나고 있다. 자신의 〈사진론〉과 〈사진의 회화성과 문학성〉, 〈현대사진에 관한 소고〉 등의 글에서 뛰어난 융합적 예술 이론을 발표했다. 특히 〈세계의 사진화, 창조예술-조형예술과 우리 인류와의 관계〉의 글에서 "예술은 도락(道樂)도 사치도 아니며, 인간의 본성에서 출발하고 있다. 우리 인간에게는 선천적으로 보는 것을 기록해 두려고 하는 마음과 무엇을 만드는 일에 기쁨을 느끼는 소질을 갖고 있다". 라는 그의 말에서 넓고 깊이가 있는 광의적인 이론가임을 느끼게 해 준다. 이러한 박영달의 예술적 사진론의 지향성은 그의 작품 속에 그대로 녹아있다. 그의 특유의 감성과 공간 구성미는 오랜 역사를 가진 동·서양의 조형예술론의 바탕 위에서, 그만의 시적인 언어를 적용하여 사진 본질의 '기록'을 넘어 깊이 있는 예술적 생명성을 획득하고 있다. '꼬마야구(1957년)', '친정길(1957년)', '길동무(1963년)', '성모자혜원'(1960년대), 등의 작품들은 문학성을 띤 인간의 본성인 재미와 모성, 그리고 휴머니즘을 통해 아름다운 감성을 기록하려는 사진예술가의 자세를 잘 보여준다.

박영달의 '풍선'이라는 작품은 1958년 일본의 아사히 국제사진(韓日國際寫眞) 살롱에서 입상한 작품으로서, 시간적인 요소보다 공간적인 요소를 색다르게 강조함으로써 한국 사진사에서 신선함으로 주목받았고, 단번에 유명세를 타게 만든 작품이다. 더구나 서울의 중앙사단과는 아주 멀리 떨어진 어촌 소도시에서 활동하는 사진가로서, 이러한 작품이 제작되었다는 사실은 당시 서울 사단에서는 화젯거리가 되었던 작품이다. 이 사진은 풍선장사가 옆으로 긴 풍선을 한껏 공기를 불어넣은 순간을 찍은 사진이다. 그는 이 장면을 공간적인 화면구성을 아주 절묘하게 함으로써 단순하고 평면적인 여백의 미를 잘 표현하였다. 우리는 이 사진에서 대각선으로 화면이 양분되는 상단부의 넓은 공간과 하단부와의 상호대칭(相互對稱) 처리에 박영달의 뛰어난 공간 감각을 엿볼 수가 있다. 그리고 표현 주인공인 풍선장수를 정면이 아닌 측면으로 접근해서 평면적으로 처리한 점도 현대예술의 특징인 단순하고 세련된 미를 보여준다. 이러한 대상에 대한 사진적 처리를 자세히 분석해 보면 이는 단순한 스냅사진의 직설적인 조건반사가 아니라 일단 머리로 치밀하게 계산한 영상적 재구성의 표현효과임을 쉽게 파악할 수 있다. 당시 시간적인 요소를 강조하는 전반적인 사진예술의 흐름에서, 박영달의 색다른 공간적인 요소는 동시대의 그 어떤 사진가들에게서도 발견되지 아니하는 그만의 독특한 공간적 현실파악이 미묘한 감동을 보여주고 있다. 얼핏

보면 화면이 차 있으면서 자세히 들여다보면 사진의 한가운데가 동시에 비어있는 듯한 공간적인 처리가 바로 박영달의 사진만이 가진 독특한 매력이다. 그의 이 같은 남다른 사진적 요소는 전체적으로 하나의 맥이 뚜렷하게 관통하는 것으로 그만의 독자적인 사진세계를 이룩하였다.

Ⅲ. 청포도다방

1. 청포도다방의 시원

시인 이육사와 개인적 친분이 두터웠던 지역 문화운동가인 김대정(金大靖[7]. 사업가, 본명 : 金大根)이 1936년 7월 경주 남산 옥룡암에 요양 차 와 있던 육사를 포항으로 초청하여, 송도 바닷가와 오천 미쯔와 포도농원[8]으로 안내하며 옥고에 지친 그의 심신을 위로해 주었다[9]. 그 일이 계기가 되어 이육사의

---

[7] 실제 이름은 김대정(호적명은 金大根)이다. 정(靖)자를 한글로 옮길 때 청자로 오인하여 기록 된 것으로 여겨짐. 일제강점기 청년운동을 벌인 활동가였으며, 지역최초 메세나 운동을 펼친 문화운동가이다. 넉넉지 않은 형편에서도 문화예술 발전을 위한 경제적 지원을 아끼지 아니하였다. 시인 이육사와 깊은 교류로 육사의 명시 〈청포도〉가 탄생했으며, 이로 인하여 포항문화예술의 큰 줄기가 형성되었다. 흐름회에서 부회장을 역임하였다.

[8] 일제시대 영일군 동해면 및 오천면 일대의 포도밭. 1914년 세계대전이 발발하자 유럽의 포도주 수입이 곤란하게 되었을 때 총독 데라우찌가 미쯔와젠베이에게 포도재배를 권하게 된 것이 농장창업의 동기였다. 동양 제일의 포도원으로서, 그 이름이 외국에까지 알려졌다.

[9] 「포항시사」3권, 2010 p76~77, 「역사비평」2016년 봄, 통권11호, 역사문제연구소 p452.   육사와 깊은 교류가 있는 김대청이 미쯔와 포도원으로 그를 안내

박영달과 구왕삼(대구 근대사진작가) 경주에서

명시 〈청포도〉가 탄생하는 데 결정적인 역할을 하였으며, 〈청포도〉시가 우리지역 영일만 풍경을 시각적으로 해석하는 시로 지어졌음을, 1999년 포항문인협회에서 호미곶면 대보리 바닷가에 "청포도 시비"를 세우게 되는 역사적인 기념일을 맞이하게 되었다. 이후 널리 알리게 되어 우리지역을 문학적인 명소로써 의미를 더하고 있다.[10]

했고, 후일「청포도」시 관련 이야기를 한흑구에게 전했는데, 한흑구는 다시 손춘익과 박이득에게 시「청포도」의 고향이 포항 미쯔와포도 농원과 영일만이라고 일러주었다고 한다. 이런 인연으로 1960년대이후 포항에서는 '청포도다방'이 문화예술의 중심 거점이 되어 '청포도 문화쌀롱의 시대'가 열렸다고 한다.

10 정순구「역사비평」2016년 봄, 통권11호, 역사문제연구소 2016. p452.

〈청포도다방〉은 포항 근대 문화예술 인문학의 대표적인 아이콘으로 존재한다. 포항의 근대문화예술은 1939년 『문장(文章)』8월호에 발표한 이육사의 대표적인 시 〈청포도〉 작품에서 싹 틔워졌다고 해도 과언이 아니다. 〈청포도〉 시는 오늘날 우리지역을 신비롭고 풍성한 인문학 향기로 가득 채워주고 있는 포항 현대문화예술의 도시로서 발전하는데 원동력이 되었는데, 가장 중요한 사건은 〈청포도〉를 상호로 사용하여 최초 종합 문화예술적 공간이자, 지식인들의 사랑방 역할을 해온 〈청포도다방〉을 열었다는 것이다. 사진가 박영달이 사후 30여 년간 알려지지 않은 채 구전으로만 전해져 오던 〈청포도다방〉이 없었다면 포항현대문화예술사 시원이 성립이 되지 못했을 거라 짐작되는 만큼 〈청포도다방〉의 역할과 장소성의 의미는 〈청포도〉 시와 더불어 참으로 중요하다.

포항과 이육사의 관계를 박이득 선생[11]은 여러모로 인연이 깊다고 말하였다. 그는 우리지역의 호미곶 등대 높이가 26.4m이고, 흥해 냉수리의 신라비가 국보 264호이다 하여, 육사의 지극한 사랑을 다른 식으로 표현하기도 했다. 참으로 기이한 우연이고 신비로운 이야기로 들린다. 〈청포도〉 시가 지역 문화운동가 김대정의 헌신적인 노력으로 이육사의 창작에 도움

---

[11] 1942년 포항생. 영남일보,MBC 기자역임, 제9대 포항예총회장역임(2008~2011), 문인으로 활동

〈청포도다방〉자리에 업종 변경 후 정경

이 되었다는 부분에서 호기심과 더불어 김대정에 대한 인물이 궁금해진다. 마치 고흐와 고갱의 관계처럼 말이다. 김대정이 이육사와 어떠한 관계로 친분이 있었고, 친분이 있다면 어느 정도인지를 알고 싶은 것이다. 왜냐하면 〈청포도〉 시로 인하여 우리지역 문화예술이 여러 갈래로 뻗어나가서 오늘날 인문학의 숲을 이루었기 때문이다. 그래서 두 사람의 관계를 여러 방면으로 자료를 찾아보고 조사하였지만, 직접적인 친분과 교류를 했다는 자료들을 확인할 길이 없었다(무엇보다도 김대정의 개인적인 자료를 무척 찾기가 힘듦). 문인, 화가들이라면 먼지

한 톨이라도 있으면, 그 근거로 조사가 이루어져 나중에는 만족할 만한 결과를 얻을 수 있지만, 후원자 김대정은 평범한 사람으로서, 조그마한 가게를 운영하며 물심양면으로 적극적인 도움을 주었던 사람으로만 전해지고 있을 뿐이다. 다만, 그가 운영하던 육거리 코주부사라는 장소만 확인이 되고, 지역원로 예술가들의 구술적인 자료만 있을 뿐 아무런 흔적을 찾을 수 없었다.

우리지역에 이육사의 친지가 살고 있었다[12]. 포항 영일군 기계면에 이육사의 집안 아저씨(증고종숙)인 해산(奚山) 이영우(李英雨)[13]이다. 1929년 광주학생항일투쟁 1주년을 맞아 항일 시위가 일어났는데, 대구 거리에도 항일격문이 나붙었다. 일제 경찰이 이육사를 주목하면서 구속하였는데, 6개월 동안 심한 고문으로 쇠약해진 몸을 추스르기 위해 이영우 집에서 2개월 동안 머물면서 건강을 회복하였다. 또한 이상흔[14](이영우의 조카, 이육사가 아끼는 집안 동생)이 같은 기계면에 살고 있으면서 평소 이육사와 편지(이상흔의 개인문제로 상의를 하거나, 이육사의 건강염려에 대한 사연)를 자주 주고받았던 사이로, 그가 우리지역과 여러모로 밀접한 관계가 있다는 근거자료가 남아 있다.

12 박현수「한권에 담은 264 작은문학관」도서출판 울력 2016. p140~151
13 김희곤「이육사 평전」도서출판 푸른역사. 2013. p38
14 김희곤「이육사 평전」도서출판 푸른역사. 2013. p115

이육사는 이영우와 이상흔을 만나러 가끔 포항 송도에 왔을 거라 짐작이 되며, 이때 김대정이 이상흔의 친분으로 이육사와 교류가 있었을 거라 추측된다.[15] 추측되는 부분은 김대정과 이육사와는 형님뻘 되는 나이이고, 조카뻘인 이상흔과 연령대가 비슷해서 벗으로서 친분이 있지 않았을까 하는 짐작이 되는 부문이다. 그러나 오로지 짐작일 뿐 확인할 길이 현재로서는 발견되지 않는다.

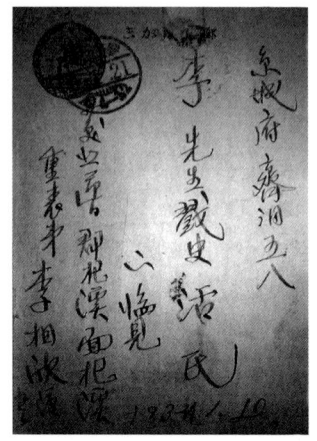

이상흔이 서울의 육사에게 보낸 엽서

김대정은 일제강점기 청년운동을 벌인 활동가이었다. 아마도 김대정도 조국에 대한 사랑이 남달랐을 거라 생각되며, 문학에 대한 지적 갈망과 민족 독립을 위해 희생을 바친 이육사의 인물에 대한 지극한 존경심과 사랑이 김대정으로 하여금 전부를 바칠 각오로 몸과 마음으로 헌신하지 않았나 생각된다.

이육사는 동해바다를 무척 사랑하였다. 40세에 생을 마감한 이육사의 생애는 궁핍과 투옥의 세월의 나날이었다. 반복적

---

15 박현수「한권에 담은 264 작은문학관」도서출판 울력 2016. p156~159

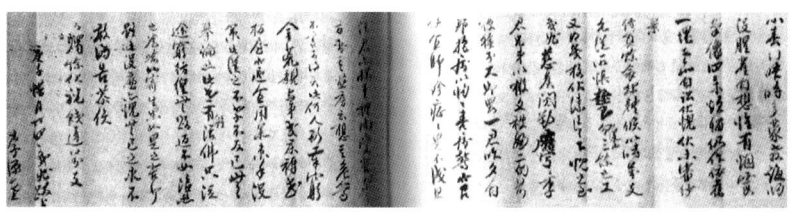

이원기가 이영우에게 육사와 원일이 대구 경찰서에 구금되었다는
소식을 알리며 도움을 요청하는 편지

으로 이어지는 투옥의 생활은 황폐해진 정신과 건강회복을 위하여 포항 바닷가를 방문하였다는 사실들을 여러 자료에서 발견할 수 있다. 이육사가 시인 신석초[16]에게 보낸 자료(편지)에서도 포항바다를 사랑한 일면을 엿 볼 수 있다.

"석초 형! 대구에 오니 귓병이 나서 한 주일 치료를 했지요. 그리고 중도 경주서 일박하고 불국사를 다녀서 작야(昨夜) 이곳에 왔습니다. 명사(名沙) 50리에 동해의 잔물결이 두 사람의 걸어간 자취 쫓아 쓸쳐(힙쓸어) 빨리 지긋하고 보드랍게 핥아 갑니다. 깨끗한 일광(日光), 해면(海面)에 접촉되는 즈음 유달리 빛납니다. 함께 와서 보았다면 여북 좋아하지 않을 것을. 건강하소서."

---

16 신석초(1909~1975) 시인. 충남 서천출생

이 편지에서도 맑고 깨끗한 〈청포도〉 시와 같은 이미지를 느낄 수 있는데, 포항송도에서 이육사가 하늘과 바다를 극찬하는 마음을 짤막하게 표현하는 글에서 그가 우리지역을 무척 좋아했던 것을 엿볼 수 있다.

이육사가 이영우 집에 머물면서, 확고한 결의를 다지는 중요한 역사적인 계기를

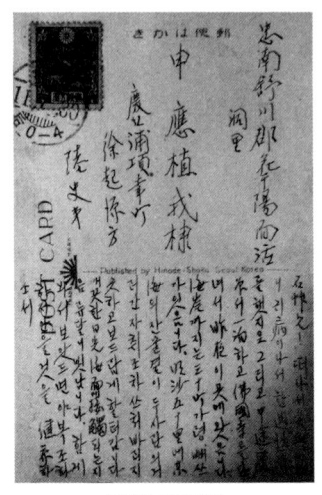

육사가 포항에서
신석초 시인에게 보낸 편지

우리지역에서 맞는다. 그것은 바로 그의 수인번호 264에서 이육사(李陸史:최종적인 이름)의 한자로 표현하기로 마음을 먹었다는 것이다. 즉 혁명을 도모하려 했던 그의 뜻과 의지가 담겨있음을 보여주는 이름(이육사의 또 다른 이름: 이원록, 이원삼, 이활 등으로 사용)을 이영우(李英雨)의 조언으로 우리지역에서 굳혔다는 것이다.[17] 여러모로 이육사와 〈청포도〉 시가 포항과의 인연은 각별하고, 영일만을 배경으로 쓰였다는 것을 여러 자료에서 확인이 된 것으로 알 수 있듯이 이육사의 〈청포도〉 시는 우리지역으로서는 문화예술사적으로 큰 수확이며, 굉장한 행

---

17 김희곤「이육사 평전」도서출판 푸른역사. 2013. p38

운이라 아니할 수가 없다.

2. 청포도다방의 탄생과 사람들

이육사의 〈청포도〉 시가 우리지역에서 창작되었다는 뜻깊은 기념을 놓칠 리가 없는 박영달은 1952년 〈청포도다방〉을 오픈하여 포항의 르네상스를 일으키는 데 일조하였다. 지역문화예술의 산실로서 문화예술인들에게 오랫동안 사랑받았던 〈청포도다방〉은 박영달의 문화예술에 대한 신념과 휴머니즘 정신을 엿볼 수 있는 결정체 공간으로 평가된다.

클로드 뒤롱은 "글쓰기 이전에 말하기가 있었고 창작 이전에 대화가 있었는데 이것이 곧 살롱이었다"라고 말했다. 따라서 살롱은 대화를 통한 문화의 중심지로서의 '문화적 공간'이다. 포항 근대문화운동가인 박이득(수필가)이 〈청포도다방〉을 "청포도 문화 살롱시대"라고 명명한 것에 대하여 알 수 있듯이, 〈청포도다방〉이 6·25 전쟁으로 몸과 마음이 지쳐있던 지식층들에게는 사람답고, 사람다운, 사람으로 살아갈 수 있었던 유일한 대화 장소이자 문화공간이었으며 이들을 아우르는 열린 공간이었다고 한다. 또한 〈청포도다방〉에서 이루어졌던 행사, 사건, 인물들은 오늘날 우리지역 문화예술을 튼실히 지키고 있는 문화예술의 역사이자 바탕이었다고 평가하고 있다.

박영달이 6·25전쟁 중 피난길에 오르기 전, 집안 중요한 곳에 바이올린을 꼭꼭 숨겨 두었으나, 잃어버리고 난 후 몹시 상심하던 차에 박영달은 해방 후 그동안 어렵게 모아둔 돈으로 무소유 상태의 일본인의 건물을 국가로부터 구입해서, 1952년 음악에 대한 취미도 살리고 생계 문제도 해결할 방도로 〈청포도다방〉을 열었다(현, 중앙상가 우체국 옆 '행탠 캐주얼' 자리(옛 주소; 포항시 북구 신흥동 820-10번지) 현재 박영달 손자가 운영). 박영달이 바이올린을 잃어버린 것이 어쩌면 포항문화예술사 차원에서는 큰 전환점이 아니었을까 생각된다. 남다른 소리예술에 대한 애착은 바이올린을 잃어버린 것에 대한 허탈한 심정이 또 다른 시각적인 사진예술로 전환케 하여 한국사진사에서 우뚝 서게 하였고, 소리예술에 대한 미련은 클래식 음악 감상의 공간인 〈청포도다방〉을 열게 되는 동기를 만들어 주었기에 포항문화예술의 시원이 되었기 때문이다. 우연치고는 그의 결정적인 변환은 포항근대문화예술사에서 참으로 대단한 문화예술적 사건이라 아니할 수가 없다.

〈청포도다방〉의 대표인 박영달이 깊이 있는 폭넓은 지식과 음악, 조형예술, 그리고 후원자 역할 등 〈청포도다방〉을 이끌어 가는 주체로서 14~16년이라는 세월의 운영은 21세기 포항문화예술의 큰 줄기를 이어갈 수 있는 원동력을 제공하였다.

박영달은 우리지역사회에서 교양 있는 사회적 인사들 사이에 중심인물 중의 한 사람이었고 고전음악다방은 이들을 자

제1회 포항향미회전 창립기념 사진(1963년, 청포도다방 앞에서)
앞줄 왼쪽부터 노태룡, 원영일, 박명순, 권영호, 이방웅
뒷줄 왼쪽부터 김순란, 정외자, 서창환, 정점식, 이명석, 가장 오른쪽 박영달

발적으로 불러 모으는 문화적 교류의 사랑방이었다. 최성소[18]는 그때의 〈청포도다방〉은 "모든 면에서 결핍의 정점에 선 절박한 사회 현실적 상황에서 고전음악이 흐르는 낭만적 분위기에 지적세계의 갈망을 추구하는 지식인들이 상처와 위로를 받는 안식처 역할을 하였다고 회상했다". 또한 "문화예술인들의 약속과 모임의 장소이었고, 특별히 할 일도 없고 약속이 없는 날에도 그냥 〈청포도다방〉에서 하루를 보내기 좋은 문화공간이었다고 하였다". 그리고 "특별한 전시가 없을 경우를

18 최성소. 경북 울진 출생. 1963년~1980년 조선일보 포항 주재기자 역임. 흐름회 초대총무 역임, 포항천마화랑 대표 역임

제외하면 벽면에는 박영달의 사진작품이 걸려 있었고, 문인들의 열띤 토론장소로써 담배연기가 항상 자욱하였다고 회상했다". 이러한 분위기는 지식층들이 모여 포항문화예술 발전에 관한 논의가 자연스럽게 이루어졌고, 구체적인 방안도 제시가 이루어지는 등 말 그대로 18세기 유럽 살롱문화의 분위기 그 자체이었다. 이러한 분위기의 중심에는 한흑구와 이명석, 박영달, 그리고 김대정의 같은 문화운동가들의 역할이 컸다. 한흑구는 포항문화예술의 정신적인 지주로서, 전국은 물론 대구경북 문인들의 선망 대상으로서 전국 문인들을 〈청포도다방〉에 자주 찾아오게 되는 계기를 만들어 주었고, 박영달은 〈청포도다방〉의 대표이자 예술론을 설파하는 이론가로서의 면모가 지식층을 모여들게 하였다. 이명석은 포항제일교회를 중심으로 청년운동, 문화운동, 육영사업 등을 펼치며 일찍부터 복지활동에 큰 업적을 남겼던 인물로서, 그를 따르는 많은 사람들이 〈청포도다방〉을 찾았다. 여기에다 김대정은 유머감각과 부드러움, 그리고 순한 인간형으로서, 지역 모든 계층의 사람들과 붙임성 있는 사교적인 성격으로 그를 따랐던 사람이 〈청포도다방〉을 찾게 하였다. 이들 4인은 그야말로 〈청포도다방〉을 포항문화예술의 중심공간으로서 활기차게 만들었던 중심인물들이었으며, 포항 문화예술의 청사진의 보고지로 많은 역할을 하였다.

〈청포도다방〉은 문학과 음악, 그림, 사진을 부흥시키는 데

1950년대 중반 포항 해병대 훈련에 참석한 박영달(오른쪽 두 번째)

일조하였고, 사회적 미팅 장소였다. 또한 재능 있는 젊은이들을 유력 인사에게 소개시킨다든지 새로운 문화예술인들의 스타를 탄생시키는 데뷔 장소가 되기도 하였으며, 메세나(문예학술의 옹호) 역할도 하였다. 문학은 한흑구의 수도권 지역의 두터운 인맥이 크게 작용되어 이원수, 이주홍, 황순원, 서정주 등 국내 내로라하는 문인들이 많이 찾았다. 사진·미술부문에는 구왕삼(사진), 정점식, 서창환, 김우조, 이경희, 박지홍, 손수택 등 대구·경북 지역 미술인과 사진가들의 전시도 열렸고 외부 화가들이 많이 찾았던 것으로 여겨진다. 또한 박영달은 지역사회를 바라보는 예리한 안목도 있어서, 지역 기관단체에서 여러 가지 자문을 요청해 오면 적극적으로 조언도 해 주기도

1953년 해외원조 식량(보리)입항시 외부 인사들과 함께 한 박영달

하였다. (옛 육거리 시공간 건립 설계도 제작할 때도 참여)

1960년대 초 포스코가 건립되던 중요한 시기에, 한국 유명 외부 인사들이 포항에 오면 특별히 갈 곳이 마땅치 않아서 포스코 직원들과 더불어 〈청포도다방〉을 많이 이용하였다고 한다. 이때에도 박영달의 수준 높은 예술적 지식과 풍부한 지적 감각이 작용되어 외부 인사와의 교분이 두터웠고, 포스코와 지역사회와 관련 건의도 했었다고 한다. 이러한 인연은 〈청포도다방〉이 문을 닫은 후에도 박영달의 생계에도 많은 도움을 주었다. 당시 포스코 건립이 한창일 때 포스코 건립 과정을 사진으로 기록하는 중요한 작업을 사진가 박영달에게 맡겨졌던 것이다. 박영달의 높은 식견과 믿음이 포스코 직원들에게 적지

않은 조언과 도움을 주었을 것으로 짐작된다.

3. 청포도다방과 흔적

포항의 근대 문화 예술 운동은 문학을 큰 줄기로 형성 되었다. 지역 근대문화 운동가들은 주로 문학인들과 기자직업(문인이기도 함)을 가진 이였다, 또한 사업을 하면서도 문화예술에 뜻을 두었던 이들도 있었는데, 그들은 경제적인 면과 여러 모로 실질적인 도움을 많이 주는 역할을 하였다. 포항근대문화예술 운동가들은 오늘날과 같이 문화예술 활동이 엄격히 분화되어 각기 활동 영역을 지켰다기보다 함께 어울리는 일이 많았다. 박영달을 비롯한 우리지역 근대문화예술 운동가들은 그 자신들도 왕성한 예술가이자 활동가였기 때문에 다양한 역할을 겸할 수 밖에 없었다. 황무지나 다름 없었던 당시 포항문화예술계를 박영달이 대구일보 기자로 포항에 정착하면서 이명석, 한흑구와 더불어 지역 저명한 문화예술인과의 교류와 소통, 각 장르의 문화예술의 소양과 인식의 저변확대에 많은 노력을 기울여 환경을 바꾸어 나갔고, 무엇보다도 적극적인 문화운동을 펼쳐 가시적인 성과(포항문화원 설립, 포항예총 결성)를 이루어 내었다는 점에서 오늘날, 우리지역 문화예술사에 결정적인 영향을 끼치는데 효시를 제공하였다. 이러한 시대적 요청은 근대문화예술 운동가들의 정열적이고 헌신적이며 예술가적인 안목을 모두 갖춘 인물들이었기에 마침내 오늘날, 포항문화예술의 기반이 형성 될 수가 있었다. 〈청포도다방〉에서 가장 뜻 있는 결실은 지역 최초 문화예술단체인 '흐름회'(초대회장:한흑구)가 1967년에 결성되었다는 것이다. '흐름회'의 발기인들은 '문학성'이 기본적으로 갖추어진 사람[19]으로 구성 되어졌다.

'향토문화를 꽃피우기 위해'라는 캐치프레이즈를 내걸고 지난 1967년 12월에 첫 출발한 '흐름회'는 이름마저 셰익스피어의 작품에서 "인생은 그림자 같이 흘러간다"라는 말이 나오는데, 거기에 연유한 것이며, 동해바다도 흐르고, 형산강도 흐르고, 구름도 흐르고, 인생도 흐르고 해서 항상 흘러서 새롭게 살고 새롭게 성장하자는 뜻에서 한흑구의 '흐름회'에 대한 취지의 뜻에 따라 문화예술인 9명이 주축이 되어 만든 문화예술단체이다. 또한 예술을 애호하고 창작하는 사람끼리 오붓하게 모여서 표면에 나타나기보다 '조용하게 숨어서 상호 연마하고 친목을 도모하면서 서두르지 않고 실질적인 일을 해나가려 한다'라고 '흐름회'의 결성 의의를 표명하였다. 한흑구(회장), 박영달(부회장), 김대정(부회장), 최성소(총무), 김녹촌, 김상훈, 신상률, 손춘익, 최정석이 발기인이다.

흐름회가 소박하게 출발하자는 취지를 밝혔지만, '흐름회'

---

19 최성소 '흐름회 초대 총무 역임' 인터뷰 내용 중

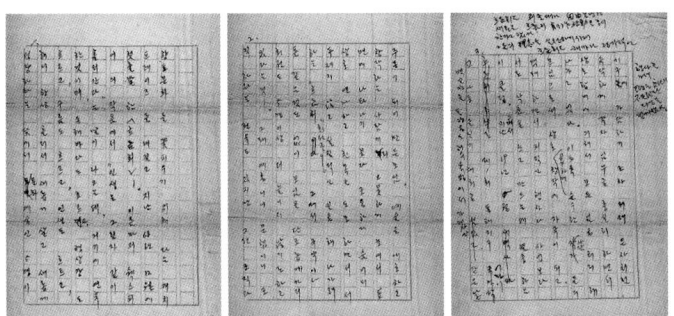

1967년 〈흐름회〉 결성 취지문 중 일부

가 주최한 모든 행사는 우리지역 최초의 예술행사이었고, 해마다 〈문학의 밤〉행사를 주최하여 전국 문인들이 포항을 찾아오게 하는 등 축제문화의 분위기를 조성해 주었다. 1969년 제1회 동해지구 어린이 백일장 개최, 박경용 시인의 작품집 "어른에게 어려운 시", 손춘익 작품집 "소라가 크는 집" 등의 출판기념회를 개최하는 등 우리지역 문화예술의 발전의 길을 열어주었다는 점에서 흐름회의 역할은 참으로 중요했다. 특히 〈문학의 밤〉은 행사마다 한국의 내로라 하는 문인들이 참여하여 포항을 알리는 역할과 차세대 문인들을 이어주는 가교역할도 하였으며, 축제 분위기를 조성해 주었다. 이러한 행사의 중심에는 한흑구의 수도권 지역의 두터운 인맥으로 이루어졌기에 한흑구의 인품과 정신적 지주의 역할은 참으로 대단했다.

'흐름회' 회원 중에서 주목해야 하는 인물이 앞에서도 밝혔

〈흐름회〉가 주최한 문학의 밤 행사 보도자료(영남일보 1960년대 후반)

듯이 사업가 김대정이다. 그는 후원자로서 문화예술 운동에 적극적이었다. 김대정을 제외한 다른 이들은 각 문화예술부문에서 큰 족적을 남겨 오늘날 우리지역 문화예술사에서 유명인으로 각인되어 있으나 실질적으로 근대포항문화예술사에 많은 역할을 하였던 김대정은 조명받지 못하고 잊혀진 인물이다.

그는 육거리(현 중앙아트홀 옆)에서 '코주부사'라는 조그마한 가게를 운영하였다. 일제강점기에 특별한 학력, 인맥도 없었지만 지적 능력의 소유자였다. 한시를 잘 지었고, 펜글씨가 상당한 수준이었으며, 넉넉하지 않은 형편에도 불구하고 문화행사와 예술가들을 후원하는 일이라면 물신양면 적극적으로 도움을 주었다. 누구나 궁핍하게 살던 그 시절에 시인 이육사

1968년 〈흐름회〉회원사진 (왼쪽부터 신상률,김대정,박영달,한흑구,최성소,손춘익)

와 깊은 교류로 육사의 명시 〈청포도〉가 탄생하는데 결정적인 역할을 하여, 지역문화예술사를 기름지게 만들었던 후원가 김대정 인물에 대한 조명이 필요성이 요구 된다. 포항문화예술이 〈청포도〉에서 시작하여 오늘날 많은 가지들이 뻗어나가 풍성한 열매가 맺었다는 사실은 문화운동가 김대정이 아니었다면 있었을 수 없는 일일 것이라 짐작된다. 문화예술이 꽃을 피울려면 후원자가 많아야 한다. 어쩌면 수도권과 지역의 문화예술의 차이점을 분석해 보면 후원자의 많고 적고의 차이점이 아닐까 생각된다. 근대기에 척박한 우리지역 환경에서 모두가 궁핍한 생활 속에서도 김대정의 정신은 마땅히 존경받아야 되는 인물이며, 그를 조명하는 작업이 이루어져야 할 것이다.

Ⅳ. 결론

이육사는 일제의 가혹한 탄압과 검열 때문에 마음 놓고 '목놓아' 노래할 수 없는 처지였다. 때문에 그의 시들은 암호 같은 '은유의 상징'을 즐겨 사용했다. 1943년 7월 육사는 이식우(李植雨)에게 자신의 시 '청포도'에 대해, "내 고장은 조선이고 청포도는 우리 민족인데 청포도가 익어가는 것처럼 우리 민족이 익어간다." 그리고 "일본도 끝장 난다"고 회고했다. 이를 두고 도진수(창원대)는 "청포도를 아직은 미숙하고 준비 중인 '풋포도'로 해석해야 '익어간다'는 의미가 온전해진다"라고 말했다.

〈청포도〉 시는 티 없이 맑고 깨끗하며, 정성스러운 기다림의 빛깔로 비추어진다. 근대기 우리지역은 비록 싹도 틔우지 못한 황무지의 척박한 문화 환경이었지만, 이육사의 〈청포도〉 시가 '풋포도'로 은유하듯 언젠가는 우리지역 문화예술도 익어갈 것이고 꽃이 필 것이라는 미래의 희망과 기다림을 어쩌면 포항 근대문화예술 운동가들은 꿈꾸었지 않았을까? 사진가 박영달 역시 어려운 소년시절을 보내면서도 그의 타고난 지적 감각과 노력으로 그가 꿈꾸던 문화예술 도시의 이상적 세계가 〈청포도다방〉에서 구현되고 승화되지 아니하였을까?

21세기 포항의 문화예술은 눈부시게 발전해 왔다. 속도의 미학이 대세인 오늘날, 앞만 보고 달리다 보니 공허하고 채울 수 없는 아련함이 너나 할 것 없이 마음 한켠에 자리 잡고 있는 것을 부정할 수 없을 것이다. 모든 것은 하루아침에 이루어지는 것이 아니다. 문화예술은 더욱 그렇다. 문화예술은 끊임없는 정신세계를 경작하여 숙성되는 과정의 결과물을 보여주는 것이다. 국내에서나 우리지역에서 인문학이 열풍처럼 불고 있는 것은 결과물보다 그 과정에서 놓치기 쉬운 인간적인 풍경들의 중요성을 강조하기 위함일 것이다.

인문학이란 궁극적으로는 사람과 관련된 지극히 교훈적이며 감동을 주는 소소한 이야기들이 현재의 나를 뒤돌아볼 수 있게 하는 학문이다. 우리 주변의 이야기들 즉, 묻혀지고 잊혀진 사연들, 그리고 보이지 않는 곳에서 묵묵히 지역사회에 큰 힘이 되었던 사실들과 인물들을 밝은 곳으로 끌어내어 알리는 학문이다. 현재의 지역문화예술은 화려한 모습과 겉치레에 신경 쓰다 보니 쇼윈도우에 진열된 인형의 모습을 보고 있는 듯하다. 단단한 내면세계를 다지기 위해서는 아주 기본적인 지역문화예술사를 숙지하고 정진하면 미래의 모습이 보일 것이고, 우리지역만이 가지고 있는 특성의 충만함으로 그 효과는 배가 될 것으로 생각한다.

"진실하게 사는 자만이 진실하게 죽음을 맞이할 수 있다."
이 글귀는 박영달의 수필집 〈蘭을 치는 두 마음〉에서 선생이 하셨던 말씀이다. 박영달의 생애가 치열하고 진실된 삶이었기에, 선생은 가고 없어도 우리지역 문화예술은 영원한 생명의 빛으로 빛나고 있다.

우리지역은 근대문화예술에 관한 문화 인적 자원이 풍부하다. 이육사의 〈청포도〉 시와 〈청포도다방〉을 스토리텔링화될 수 있는 계기를 만들고, 사진가 박영달을 통하여 지역 예술가들에게 끊임없이 도전하고 공부하는 작가정신의 본보기를 기념하는 행사를 마련하는 것도 우리지역 근대문화예술을 지켜나가는 한 가지 방법이 아닐까 생각된다. 아울러 포항 근대문화예술사에 대한 자료 발굴과 학술적인 연구가 지속되어, 우리지역 문화예술을 지키고 풍성하게 가꾸어야 하는 노력을 게을리하지 말아야 할 것이다.

〈 2017년 12월 19일(포은중앙도서관) 경북대학교인문학술원 주최
'박영달과 청포도다방' 발표 논문 〉

박영달 프로필 사진

1954년

1956년도

1964년

1967년

1980년

1930년대 기자시절 일본에서의 박영달

1930년대 후반 기자시절 일본에서의 박영달

1953년 둘째 아들과 박영달

1954년 대구·포항 사진가들과 함께 (앞줄 왼쪽 박영달)

1955년

1955년 경주에서 박영달 박원식과 함께

사진전에 축하 참석한 박영달 (앞줄 맨 오른쪽)

1959년 오어사

박영달 부부 결혼기념 가족과함께

1964년 박영달 (오른쪽)

1962년 명동성당

1972년 큰 손자와 함께

1970년대 사진촬영대회

1965년 큰아들 대학 졸업식

1963년 박영달 사촌형님 가족과 함께(박달조 한국과학기록회 초대원)

1971년 경주 안압지에서 박영달

1973년 가족과 함께

1971년 박영달 사진점 전경

1973년 박영달 사진점 전경사진

1978년 박영달 생일

1976년 손자와 함께

1981년 박영달 부부

박영달과 지역사람들. 아세아 사진관 이기원, 대륙 사진관 김기동, 박경용 시인

난을 치는 두 마음 출판기념회. 박영달과 서울 문학하는 사람들과 함께

朴英達
1913년 대구출생

1938년~1945년 대구일보 포항지사 기자 역임
1952년~1966(68)년 청포도다방 운영

1950년 포항문화원 이사
1957년 제1회 사진개인전(대구미문화원)
1958년 조일 국제 사진살롱 입선
1961년 제2회 사진작품 개인전(대구미문화원)
1963년 경상북도 지역 관광협회 간사
1963년 한국예총포항지부 부지부장
1964년 경상북도 어촌 교도회 간사
1963년 조일국제사진살롱 입선
1965년 제1회 국전사진부 입선
1965년 한국사진작가협회 포항지부 초대 회장
1966년 제4회 동아사진콘테스트 입선
1967년 흐름회 창립(포항 최초 문화예술단체)
1967년 제5회 동아 사진콘테스트 입상
1967년~1975년 박영달 사진아뜨리에 경영
1970년 매일어린이 사진 공모전 심사위원
1972년 제1회 국제 사진살롱 입선
1973년 제2회 국제 사진살롱 입선
1975년 경북도전 추천작가

1976년~1986년 수필가로 활동
1980년 《흐름회》 회장
1982년 수필집 『蘭을 치는 두 마음』 출간
1983년 한국현대사진대표작선집 작품 게재
 (기획/편저 문선호)
1986년 작고
2008년 한국현대사진전(국립현대미술관)
2008년 대구사진비엔날레 기획전(구왕삼&박영달전)
2010년 대구 근대사진의 모색전
2016년 秋塘 박영달 회고전
 - 사진예술과 휴머니즘(포항시립미술관)
2023년 뮤지엄한미 삼청개관전
 '한국 사진사 1929~1982'전

청포도다방 살롱시대
朴英達 수필집 『蘭을 치는 두 마음』

복간판 1쇄 2023년 12월 28일

지은이 박영달
엮은이 박경숙

펴낸곳 도서출판 나루
출판등록 2015년 12월 4일
등록번호 제504-2015-000014호

주최 문화체육관광부 경상북도 pohang 포항시 phcf 포항문화재단

* 이 도서는 2023 문화도시 조성사업의 지원을 받아 발간되었습니다
* 무단 전재와 복제를 금하며 책 내용의 전부 또는 일부를 이용하려면
  저작권자의 서면 동의를 받아야 합니다.
* 잘못된 책은 구입하신 서점에서 교환해 드립니다.
* 책값은 뒤표지에 있습니다.